BREITENSTEIN
DAS KARTOFFEL-THEOREM

Rolf Breitenstein

Das Kartoffel-Theorem

Der wahre Zusammenhang
von Produktion und Verbrauch
in unserer Wirtschaft,
oder: Was auf den Tisch kommt,
wird auch gegessen.

Mit Zeichnungen von Steffen Köpf

Econ-Verlag
Wien · Düsseldorf

1. Auflage 1974

Gesetzt aus der 10 Punkt Times der Linotype GmbH.
Gesamtherstellung:
Kleins Druck- und Verlagsanstalt Lengerich/Westf.
Printed in Germany
ISBN 3 430 11524 8

INHALT

VORWORT

Adam, der Vater der Menschheit, war der erste Arbeitslose, denn im Paradies gab es nichts zu tun. Als Adam das nicht mehr aushielt, hat er mit Gottes Hilfe die Arbeit erfunden. Adam Smith, der Vater der Nationalökonomie, ging einen wesentlichen Schritt weiter. Er erfand die Arbeitsteilung.

Adam und die Erfindung der Arbeit sind nicht präzise zu datieren. Adam Smith lebte von 1723 bis 1790 in Schottland und veröffentlichte 1776 sein Hauptwerk *An Inquiry into the Nature and Causes of the Wealth of Nations (Untersuchungen über das Wesen und die Natur des Volkswohlstandes).* In diesem Buch entwickelte er das Prinzip der Arbeitsteilung und Spezialisierung, auf dem seitdem das Wachstum der Industriewirtschaft beruht.

Das Wirtschaftswachstum ist neben dem Whisky die größte Erfindung, die in Schottland gemacht worden ist. Entgegen einem verbreiteten Irrtum war die Wirkung des Wirtschaftswachstums insgesamt anregender und destruktiver als die Wirkung des Whiskys.

Arbeitsteilung und Spezialisierung haben in den zweihundert Jahren seit Adam Smith zu einer ungeheueren Vervielfachung der Produktion geführt. Die Bewältigung dieser unerwarteten Produktionsmengen wurde durch ein Prinzip möglich, das Eva schon gegenüber Adam formuliert hatte, das von Adam Smith vernachlässigt wurde und jetzt in seiner ganzen Bedeutung enthüllt wird. Es handelt sich um das *Apfel-Axiom* oder das *Kartoffel-Theorem*.

Das Theorem wird in diesem Buch empirisch entwickelt, theoretisch formuliert und in seinen praktischen Konsequenzen untersucht. Dabei wird sich zeigen, daß zahlreiche wirtschaftswissenschaftliche Entdeckungen der neueren Zeit wie *Parkinson Gesetz*, das *Peter-Prinzip* und das *Lindner-Axiom* nur Sonderfälle des *Kartoffel-Theorems* sind.

»Das Kartoffel-Theorem« wird rechtzeitig zum 200. Jubiläum der »Untersuchungen über das Wesen und die Natur des Volkswohlstandes« vorgelegt. Dieses Buch hat damals eine neue Epoche in der Geschichte der Menschheit eingeleitet. »Das Kartoffel-Theorem« kann eine ähnliche Wirkung entfalten. Mit Hilfe dieses Theorems gelingt es, die großen Probleme der modernen Wirtschaft zu verstehen und zu lösen: Die Energiekrise und den Zeitmangel, die Verlängerung der Produktionsumwege und die Steigerung des Sozialproduktes, die Verkehrsprobleme der Gegenwart und der Zukunft.

Der Autor dankt vielen Freunden und Bekannten für wissenschaftliche und unwissentliche Mitarbeit, besonders seinen Freunden unter den Destillateuren schottischen Whiskys und schottischer Witze. Ohne ihre Vorarbeit hätte »Das Kartoffel-Theorem« niemals erscheinen können.

London, im Krisenwinter 1973/74 R. B.

AM ANFANG WAR ADAM (SMITH)

Die Geschichte der wirtschaftlich tätigen Menschheit beginnt mit der *Apfel-Affäre*. Die wesentlichen Fakten sind im Buch Mose zusammengestellt: Der Herr verbietet Adam, die Früchte vom Baum der Erkenntnis zu essen. Eva überredet Adam, es doch zu tun, nachdem sie ihrerseits von der Schlange überredet worden ist.

Nun war der Apfel ab. Die natürliche Naivität der ersten Menschen war hin, und die ersten Kleider mußten her. Der Herr kam Adam und Eva schnell auf die Schliche und vertrieb sie aus dem Paradies. Zugleich begann die Arbeit, denn der Herr befahl dem Adam: Im Schweiße des Angesichts sollst du dein Brot essen.

Das Wichtigste aber wird bei Mose verschwiegen: Was sagte Eva zu Adam, damit er von den verbotenen Früchten aß? Sie sagte, wie jetzt erstmals enthüllt werden kann:

»Nun sind die Äpfel da, nun werden sie auch gegessen.«

Das war die Entdeckung des *Apfel-Axioms*[1]. Dieser Leitsatz menschlichen Konsumverhaltens ist beim Auszug aus

[1] Axiom = ein unableitbarer, einsichtiger Satz, der einer Begründung weder fähig noch bedürftig ist.

dem Paradies in Vergessenheit geraten. Im Unterbewußtsein aber bewahrte die Menschheit eine vage Erinnerung an das Apfel-Axiom, und in bedeutsamen historischen Situationen wird immer zum Apfel gegriffen: Zum Apfel des Paris, zum Apfel für Schneewittchen, zu den Reichsäpfeln und zu dem Apfel, den Wilhelm Tell seinem Sohn vom Kopfe schoß. Eine Erinnerungsspur zieht sich bis in die Gegenwart. In den USA, der wirtschaftspolitischen Vormacht unserer Tage, heißt es heute, wenn irgend etwas besonders bezeichnend für dieses Land ist, etwa die Watergate-Affäre: Das ist so typisch amerikanisch wie Apfelkuchen (as American as apple pie).

Das Apfel-Axiom ist so sehr vom Mythos umhüllt, daß es für die Wirtschaftswissenschaften niemals fruchtbar gemacht werden konnte. Auch Adam Smith[1] ist das nicht gelungen, was möglicherweise an seinem etwas eigenbrödlerischen und zerstreuten Wesen lag. Diese Haltung findet in den beiden folgenden, als glaubhaft überlieferten Begegnungen ihren Ausdruck.

Als Smith eines Tages in Glasgow beim Spaziergang seinen Kollegen Professor McPherson traf, begrüßte er ihn:
»Guten Tag, McPherson, warum humpeln Sie denn?«
»Ich habe mir neue Schuhe gekauft«, entgegnete Professor McPherson, »drei Nummern zu klein.«
»Warum«, fragte Professor Smith, »drei Nummern zu klein?«
»Das ist doch ganz logisch«, sagte Professor McPherson, »ich

[1] Adam Smith (1723-1790), schottischer Nationalökonom. Hauptwerk: An Inquiry into the Nature and Causes of the Wealth of Nations, First Edition London 1776, nachfolgend zitiert als Wealth of Nations; deutsch: Untersuchungen über das Wesen und die Natur des Volkswohlstandes, 2. Auflage, Jena 1920/23.

hatte eine Schachtel Hühneraugenpflaster geschenkt bekommen.«

Smith nahm diese Mitteilung hin ohne daß seine wissenschaftliche Neugier geweckt worden wäre. Das ist verständlich, weil er eben nicht nur Professor für Logik, sondern Professor für Logik in Schottland war. Er verpaßte damit, wie man später sagte, einen großen Augenblick – sozusagen seinen Hühneraugenblick.

Einige Jahre zuvor, als er noch in Edinburgh Rhetorik lehrte, hatte er schon eine ganz ähnliche Chance versäumt, als er einen seiner Schüler aufrief:
»Haben Sie Ihre Hausaufgaben gemacht, McNeath?«
»Ich heiße nicht McNeath«, erwiderte der Student. »Ich heiße McPatton.«
»Aber gestern hießen Sie doch noch McNeath?«
»Gestern«, sagte der Student, »hatte ich auch noch nicht die 1000 Visitenkarten auf den Namen McPatton gefunden.«

Man mag diese Begebenheiten als sogenannte Schottenwitze belächeln. Aber man sollte dabei nicht die wissenschaftshistorisch relevante Tatsache übersehen, daß Adam Smith eben nicht lachte[1]: Weil er es als völlig normal empfand, daß man sich drückende Schuhe kauft, wenn man Hühneraugenpflaster geschenkt erhält, und daß man sich einen neuen Namen zulegt, wenn man entsprechende Visitenkarten findet; und weil er das als völlig normal empfand, hat

[1] Die Nicht-Reaktion ist eine in Großbritannien besonders wichtige Form der Reaktion. Meisterdetektiv Sherlock Holmes löste einmal einen Fall anhand der Tatsache, daß ein Hund nicht gebellt hatte (»The dog that did not bark«).

sich ihm die Einsicht in ein Grundprinzip der modernen Industriewirtschaft verschlossen – die Einsicht in das *Kartoffel-Theorem*[1].

Nachdem Professor Smith seine Chance verpaßt hatte, können wir in das Kartoffel-Theorem nun Friedrich dem Großen und meiner Mutter zuschreiben. Friedrich der Große, ein Zeitgenosse von Adam Smith, sorgte dafür, daß die Kartoffeln bei uns angebaut und heimisch wurden. Meine Mutter sorgte dafür, daß die Kartoffeln bei uns gegessen wurden; denn:
»*Nun sind die Kartoffeln da, nun werden sie auch gegessen.*«

Dieser einfache, empirisch gewonnene Satz stellt das Kartoffel-Theorem dar.

Das Kartoffel-Theorem ist von unmittelbar einleuchtender Einfachheit. Das ist seine Stärke. Wirklich große Erkenntnisse nehmen sich immer ganz einfach aus: Einsteins Relativitätstheorie und die Struktur des Commonwealth of Nations wurden jeweils mit wenigen Strichen auf dem Rükken alter Briefumschläge entworfen. Das Wort des Heraklit, *alles fließt,* und das Ei des Kolumbus sind an Prägnanz kaum zu überbieten. In den Wirtschaftswissenschaften hat John M. Keynes[2] mit einem einzigen Satz ganz neue Forschungsgebiete erschlossen, weil er damit von der langfristigen Betrachtungsweise abrückte: *In the long run we are all dead* – Auf lange Sicht sind wir alle tot.

[1] Kartoffel = Umbildung von ital. *tartufolo;* Heimat südamerikanische Hochanden. Erste Knollen um 1560 aus Amerika nach Spanien gebracht, 1621 erste engl. Kartoffeln in Deutschland angepflanzt. Verbreitung erst im 18. Jahrhundert nach Förderung des Anbaus durch Friedrich den Großen. Theorem = griechisch, Lehrsatz, Formulierung.

[2] Englischer Wirtschaftswissenschaftler (1883–1946). Hauptwerk: General Theory of Employment, Interest and Money (1936).

Einfachheit und Verständlichkeit sind heute nicht mehr in jedem Fall eine wissenschaftliche Schande.

Vor einem näheren Studium des Kartoffel-Theorems und seiner vielfältigen Variationen müssen einige Fragen der Abgrenzung geklärt werden, die gelegentlich in volkswirtschaftlichen Seminaren oder auch in öffentlichen Diskussionen gestellt werden. Es ist selbstverständlich, daß es sich bei der vorliegenden Studie nicht um eine agrarpolitische Untersuchung oder um eine Sammlung von Kartoffelrezepten handelt, auch nicht um einen Kartoffelroman, sondern um die Arbeit an einem wirtschaftswissenschaftlichen Theorem wie dem *Say'schen Theorem* oder dem *Turnpike-Theorem.*

Die Zusammenhänge zwischen dem Apfel-Axiom und dem Kartoffel-Theorem haben vielseitiges Interesse gefunden. Es ist offensichtlich, daß beide denselben Tatbestand beschreiben:

»Nun sind die Äpfel da, nun werden sie auch gegessen.«
»Nun sind die Kartoffeln da, nun werden sie auch gegessen.«

Trotzdem – und hier setzt die subtile philosophische Aufmerksamkeit an – liegen wahrhaft Welten zwischen den beiden Sätzen: Was für Eva im Paradies und auch für die Menschen des hohen Mittelalters ein Satz war (Axiom), der felsenfest stand und keiner Ableitung bedurfte oder fähig war, ist für den Menschen der heutigen Industriegesellschaft eine Formulierung (Theorem), die immer wieder in Frage gestellt und überprüft werden muß.

Ein Mißverständnis mit tragischen Akzenten mußte aufgeklärt werden, als der Autor der irischen Journalistin Mary Kenny *(Evening Standard)* das Kartoffel-Theorem in der englischen Version

»Now that the potatoes are there they must be eaten« vortrug. Mary Kenny erklärte daraufhin spontan: »Bei uns zu Hause war das noch schlimmer. Da sagte meine Mutter zu uns Kindern: Wer keine Kartoffeln ißt, der stirbt.«

Die Spruchweisheit *If you don't eat potatoes, you shall die* hatte sich von den verheerenden Hungersnöten her gehalten, die Irland Mitte des 19. Jahrhunderts heimsuchten, vor allem 1847; nach dem Ausfall der Kartoffelernte sind viele Menschen damals vor Hunger gestorben oder – wie ein gewisser Joe Kennedy – halbtot vor Hunger nach Amerika ausgewandert. Die Art, wie Marys Mutter und Tausende von Müttern in Irland diese sprichwörtliche Erfahrung umfunktioniert haben[1], um den Verzehr der nun vorhandenen Kartoffeln (unter Todesdrohung!) zu erzwingen, läßt schon etwas von den Kräften ahnen, die unter dem Kartoffel-Theorem wirtschaftswirksam werken können.

Die überscharfe Formulierung Wer keine Kartoffeln ißt, der stirbt, zeigt auch die unerbittliche Klipp-Klapp-Mechanik des Theorems: Weil A (Nun sind die Kartoffeln da), auch B (Nun werden sie auch gegessen) sowie die zeitliche Stringenz der Vorgänge A (Nun sind ...) und B (Nun werden ...). Wiederum hat der Volksmund wichtige Vorarbeit geleistet mit der Formulierung: Rein in die Kartoffeln, raus aus den Kartoffeln. Diese Bemerkung richtet sich stets kritisch gegen einen Menschen, der sich nicht entscheiden kann[2] oder der

[1] Andere Beispiele für das Umfunktionieren sozialgeschichtlich begründeter Spruchweisheiten: »Spinnen am Abend, erquickend und labend« sowie »Spinnen am Morgen, Kummer und Sorgen« war ursprünglich nicht auf die Spinnen (Tiere) sondern auf das Spinnen (von Garn) gemünzt, das als abendliche Geselligkeit wohlhabender Bauern erquickend und labend war, während es als morgendliche Zwangsarbeit armer Leute ihren Kummer und ihre Sorge zeigte.

[2] Zur Bedeutung der Kartoffel in der Entscheidungstheorie vgl. S. 29 ff.

eine neue Tätigkeit aufnimmt, bevor er die alte erledigt hat, kurzum: Jemand, der in seiner Handlungs- oder Denkweise nicht so konsistent ist, wie es unter dem Kartoffel-Theorem notwendig wäre.

In der folgenden, sehr weitgespannten und den Bereich der Mikroökonomie sowie der Makroökonomie umfassenden Analyse des Kartoffel-Theorems wird sich zeigen, daß viele, vielleicht sogar die meisten wirtschaftlichen Phänomene der Gegenwart durch das Kartoffel-Theorem zu erklären sind. Um ein schwerwiegendes Mißverständnis auszuschließen, ist jedoch schon jetzt darauf hinzuweisen, daß in der vorliegenden Untersuchung keine monokausale Theorie entwickelt wird, die alles und jedes auf die Kartoffel zurückführen wollte.

Gerade beim Kartoffelanbau hat sich immer wieder gezeigt, daß eine Monokultur verfehlt ist und sich auf Dauer nicht durchhalten läßt. Zudem ist zu berücksichtigen, daß die Vielfalt nicht nur der Größe, sondern auch der Sorten, Farben und Wachstumsformen der Kartoffeln ein handgreiflicher Beweis der Pluralität und Komplexität unserer Zeit ist und somit geradezu demonstrativ gegen jede Uniformität stehen. Wenn es auch gelingt, die Kartoffelpflanzen auf den Feldern mehr oder weniger in Reih' und Glied anzuordnen, so entfalten die Kartoffeln doch unterirdisch, d. h. in der Subkultur ein außergewöhnliches Maß von Individualität: Uniformierte Kartoffeln sind unvorstellbar, und schon die Entwicklung der Kartoffelschälmaschine war eine schwierige Arbeit.

1. Volkswirtschaftliche Bedeutung

Die Volkswirtschaftslehre hat sich seit Adam Smith überwiegend mit dem Produktionsbereich des Wirtschaftslebens beschäftigt, also im Sinne des Kartoffel-Theorems mit dem Da-Sein (Nun sind die Kartoffeln da . . .) der Kartoffeln. Im Denkgebäude des Nationalökonomen Joseph Schumpeter[1] zum Beispiel nehmen Friedrich der Große und die Kartoffel einen maßgebenden Platz ein: Hier tritt ein »dynamischer Unternehmer« auf, der eine durchschlagende *Innovation* (Einführung eines neuen Gutes) vornimmt.

Meine Mutter hingegen kannte Schumpeter gar nicht, und damit verstellte er sich die Einsicht in die volle Tragweite des Kartoffel-Theorems. Das ist vor allem deshalb bedauerlich, weil meine Mutter und Millionen von Hausfrauen in aller Welt nicht auf Kartoffeln beschränkt sind, sondern unablässig zum Verbrauch aller einmal angeschaffter, bezahlter und bis zur Verwendung scheinbar sinnloser Waren auffordern.

»Nun haben wir das Fleisch, nun wird es auch gegessen«, mahnte meine Tante häufig und fügte verschärfend hinzu: »Wenn es nicht sofort gegessen wird, wird es schlecht.« Also wurde das Fleisch gegessen, obwohl es längst ohne jeden Nährwert oder Geschmack war. (Meiner Tante machte das übrigens nichts aus, weil ihre Geschmacksnerven nach einer Operation nicht mehr funktionierten.)

Wir alle wissen, wie sich die Hausfrauen opfern: Für den

[1] Joseph A. Schumpeter (1883–1950). Hauptwerk: Theorie der wirtschaftlichen Entwicklung. – Im Anschluß an Schumpeter wird in der Wirtschaftswissenschaft scharf unterschieden zwischen *inventions* (Erfindungen) und *innovations* (Neuerungen im ökonomischen Sinne); mit *innovations* werden neue Produktionsfunktionen gesetzt.

Rest Pudding und das letzte Stück Kuchen (besonders auswärts, wenn sie nicht zahlen müssen: Lieber den Magen verrenken als den Wirt beschenken). Es klingt natürlich ganz anders, wenn unternehmerische Männer sagen: Nun sind die Gewehre angeschafft, nun wird auch geschossen; oder: Nun ist das Auto da, nun wird es auch gefahren. Ist das tatsächlich etwas ganz anderes?

2. Betriebswirtschaftliche Bedeutung

Ein wesentlicher Teilbereich der Betriebswirtschaftslehre ist die Theorie der Lagerhaltung: Wie umfangreich die Lager sind, was die Lagerung kostet und wie sie organisiert ist, das entscheidet – wie nicht erst in der Energiekrise 1973/74 deutlich wurde – häufig über Erfolg oder Mißerfolg einzelner Unternehmer sowie ganzer Volkswirtschaften.

In meinem Elternhaus in Kassel war es völlig üblich, bis in den Sommer hinein die alten Kartoffeln vom letzten Jahr zu essen, die den Winter über im Keller gelegen und dort kräftig Keime getrieben hatten. Die Keime wurden sorgfältig beseitigt, die schrumpeligen Kartoffeln im Eimer in die Küche geholt, geschält und verarbeitet. Inzwischen gab es längst wunderschöne neue Kartoffeln. Diese neuen Kartoffeln waren zunächst sehr teuer – aber auch wenn sie nicht so teuer gewesen wären, hätten wir zunächst die alten Kartoffeln verbraucht und die neuen Kartoffeln altern lassen; es ging nicht nur ums Geld, es ging auch ums Prinzip.

Dieses Prinzip hat eine Gruppe von Betriebswirten, die in ihrer Jugend noch viele Kartoffeln entkeimen mußten, als *fifo*-Methode der Lagerhaltung erfaßt und zur Basis wichtiger theoretischer und praktischer Überlegungen gemacht.

Fifo (first in, first out) bedeutet, daß die zuerst eingelagerten Waren auch zuerst aus dem Lager gehen. Das stellt im allgemeinen die konservativere Methode der fürsorglichen Ameisen dar, während in der *lifo*-Methode (last in, first out) manchmal ein Schuß Leichtsinn steckt: Nach der lifo-Lagerregel müßte man die zuletzt gekauften, schönen neuen Kartoffeln zuerst essen. Und was würde dann aus den gänzlich verhärmten uralten Kartoffeln? Das Kartoffel-Theorem würde – mit geringfügigen Modifikationen – für sie weitergelten: Nun sind die alten Kartoffeln (immer noch) da, nun werden sie (endlich) auch gegessen.

Mit diesen beiden Beispielen ist die Bedeutung des *Kartoffel-Theorems* für Volkswirtschaft und Betriebswirtschaft kurz angeleuchtet; eine ausführliche Darstellung wird später erfolgen.

IN DER STECKNADELFABRIK

In seinem Hauptwerk *Wealth of Nations* hat sich Adam Smith dem Tatbestand des Kartoffel-Theorems mehrfach so weit genähert, daß man eine Formulierung des Theorems von ihm hätte erwarten sollen. Ehe wir die Frage näher diskutieren können, warum diese Formulierung ausblieb, erscheint eine Prüfung der relevanten Stellen seines Werkes notwendig.

Die berühmteste Unternehmung des Professor Smith wird schon auf den ersten Seiten seines Buches vorgestellt: Die Stecknadelfabrik. Diese Stecknadelfabrik ist weltweit bekannt geworden. Als der japanische Wirtschaftswissenschaftler und Smith-Spezialist Hiroshi Mizuta, Professor in

Nagoya, vor zwanzig Jahren noch Student war, ist er speziell nach Kirkcaldy gefahren, zum Geburtsort des Adam Smith, um die Stecknadelfabrik zu besichtigen. Er war bitter enttäuscht, als die Einwohner sie ihm nicht zeigen konnten: Es handelte sich um eine symbolische Stecknadelfabrik, die Adam Smith benutzt hatte, um seine wichtigste Idee einleuchtend vorzuführen[1]. (Ebenso handelt es sich bei der Kartoffel, die dem wichtigen und jetzt erstmals gründlich untersuchten Kartoffel-Theorem ihren Namen gegeben hat, um eine symbolische Kartoffel, so daß eine Suche im Garten des Autors nicht die Gesuchte zutage fördern würde.)

In der Stecknadelfabrik hat Smith die Idee der Arbeitsteilung und Spezialisierung als wichtigster Produktivkraft entwickelt. Smith erklärt das so: Ein Arbeiter, der das Handwerk der Stecknadelherstellung nicht versteht und nicht mit den Maschinen umgehen kann, werde kaum, selbst bei größtem Fleiß, eine einzige Nadel pro Tag produzieren, bestimmt nicht mehr als zwanzig. Gehen jedoch zehn Männer in der berühmten Stecknadelfabrik gemeinsam an die Arbeit und teilen diese Arbeit in etwa achtzehn Arbeitsgänge, dann produzieren sie – man glaubt es kaum – über 48 000 Stecknadeln am Tag. Das bedeutet, wenn man die Arbeitsleistung jedes der zehn Männer gleich veranschlagt, daß jeder einzelne pro Tag 4800 Stecknadeln produziert; eine Produktionssteigerung von einer Nadel auf 4800 Nadeln – und das sozusagen von einem Tag auf den anderen!

[1] Peter Wilsher, In the beginning was Adam Smith, in: *The Sunday Times*, 10. Juni 1973. – Wie es in dem Artikel heißt, hat Hiroshi Mizuta als Student eine Busschaffnerin in Kirkcaldy mit der Mitteilung verblüfft, er wolle seinen Lebensunterhalt in Japan allein durch das Studium von Adam Smith verdienen. 1973, anläßlich des 250. Geburtstages von Smith, kam er zurück, um ihr zu berichten, daß das tatsächlich möglich sei.

Smith hat sich mit dieser Darstellung begnügt und darauf verzichtet, die ganz wesentliche Frage zu untersuchen, die sich auch dem wirtschaftswissenschaftlich wenig vorgebildeten Leser aufdrängt: Was wird aus den 4799 Stecknadeln, die jeder Arbeiter nach der Steigerung von 1 auf 4800 mehr produziert, oder gar aus den 47 990 Nadeln, die täglich zusätzlich aus Smiths Stecknadelfabrik kommen, – ganz zu schweigen von den Hunderttausenden von Nadeln, die nun von einem Tag auf den anderen aus vielen neuen Fabriken in Großbritannien strömten?

Welch schrecklich stimulierende Wirkung von der schlagartigen Massenproduktion von Nadeln im Großbritannien der industriellen Revolution ausgegangen sein muß, hat der unentwegte Volksmund bis heute festgehalten mit der Wendung *to needle somebody:* Jemanden anstacheln, jemanden durch ständige Sticheleien reizen und vorwärtstreiben.

In der Alltagspraxis hat es lange gedauert, ehe der Verbrauch der neuen Mengen von Stecknadeln hinreichend organisiert war *(Nun sind die Stecknadeln da, nun werden sie auch versteckt).* Ein etwas kitzeliges, aber im Sinne des Kartoffel-Theorems hervorragendes Beispiel gesteigerten Stecknadelverbrauchs ist jedem Mann bekannt, der sich einmal ein neues Oberhemd gekauft hat. Diese Oberhemden sind sorgfältig zusammengelegt und mit einem Dutzend oder mehr Stecknadeln auf einer Pappe festgesteckt. Es kostet erhebliche Mühe, diese Stecknadeln aus dem Hemd und aus der Pappe zu ziehen. Die eine oder die andere wird regelmäßig übersehen und häufig erst dadurch wahrgenommen, daß man sich hineinsetzt.

Die Bedeutung dieser Art von Oberhemden-Präsentation

wird vielfach unterschätzt, obwohl doch unmittelbar einleuchtet, daß

1. das Anstecken und Abstecken des Hemdes Arbeitskraft bindet, die anderenfalls zu nochmaliger Erhöhung der Stecknadelfabrikation eingesetzt werden könnte;
2. das dutzendfache Feststecken des Hemdes verhindert, daß der Kunde im Geschäft feststellen könnte, ob Kragen und Ärmel passen, mit dem Risiko, daß er seinen Kaufentschluß verschiebt oder umstößt;
3. nach Erschließung dieser neuen Kombination von Wirtschaftsgütern (Hemden und Nadeln)[1] nur noch die Produktion von Oberhemden in genau der Weise gesteigert werden mußte, welche die Aufnahme aller dafür verfügbaren Stecknadeln sicherte (*input-output-Verfahren*[2]).

In den letzten Jahren sind in entwickelten Industrieländern insofern wieder gewisse Probleme beim Verstecken von Stecknadeln aufgetreten, als in den Wohnungen die Dielenbretter als Fußböden und mit den Brettern auch die Ritzen zwischen den Brettern verschwinden, die sehr gut zum Verstecken von Stecknadeln sowie von Nähnadeln geeignet waren. Auch in dieser Hinsicht ergeben sich aus der Verwendung von PVC und ähnlichen Bodenbelägen ganz unerwartete Probleme.

Wenn Professor Smith auch die Frage offenließ, was jeder seiner zehn Arbeiter jeden Tag mit seiner Quote von 4800 Stecknadeln tun sollte, so konnte er doch im weiteren Verlauf seiner Untersuchungen derartigen Problemen nicht

[1] Hier handelt es sich um eine typische *innovation* im Sinne Schumpeters. Vgl. S. 18.

[2] Wassilij Leontief hat 1973 für die Entwicklung dieses Verfahrens den Wirtschafts-Nobelpreis erhalten.

gänzlich ausweichen. Bei der Analyse der Begrenzung der Vorteile der Arbeitsteilung durch das Ausmaß des Marktes stellte er fest: »Es ist unmöglich, daß in den entlegenen und inneren Gebieten des schottischen Hochlandes das Handwerk selbst eines Nagelschmiedes bestehen könnte. Ein solcher Arbeiter würde – bei tausend Nägeln am Tag und dreihundert Arbeitstagen im Jahr – dreihunderttausend Nägel im Jahr herstellen. Aber in einer solchen Lage wäre es unmöglich, eintausend loszuwerden, das heißt eine Tagesproduktion im Jahr[1].«

Smith beschreibt auch, was einem solchen Nagelschmied passieren kann: »Es gibt bis auf den heutigen Tag ein Dorf in Schottland, wo es, wie ich höre, für einen Arbeiter nicht ungewöhnlich ist, Nägel statt Geld zum Bäcker oder ins Gasthaus zu tragen[2].«

Wiederum verharrte Smith einen Millimeter vor der Einsicht in das Kartoffel-Theorem, dessen Kräfte auch den Verbrauch von Nägeln regulieren. Warum wollte Smith die Einsicht nicht kommen? Die eingangs zitierten, anekdotischen Begebenheiten sind natürlich keine ausreichende Erklärung, weil Smith sich aus dem Bann der schottischen Logik (drükkende Schuhe nach geschenktem Hühneraugenpflaster; neuer Name nach Fund entsprechender Visitenkarten) durch einen Besuch in Frankreich vorübergehend, aber ausrei-

[1] Adam Smith, Wealth of Nations, a. a. O., S. 122: »It is impossible there should be such a trade as even that of a nailer in the remote and inland parts of the Highlands of Scotland. Such a workman at the rate of a thousand nails a day, and three hundred working days in the year, will make three hundred thousand nails in the year. But in such a situation it would be impossible to dispose of one thousand, that is, of one day's work in the year.«

[2] Adam Smith, Wealth of Nations, a. a. O., S. 127: »There is at this day a village in Scotland where it is not uncommon, I am told, for a workman to carry nails instead of money to the baker's shop or the ale-house.«

chend gelöst hatte. Die Erklärung liegt tiefer. Zwei Denkschulen streiten heute um die richtige Erklärung: Eine neopragmatische Schule ist der Auffassung, daß Smith das Prinzip der Arbeitsteilung nicht nur wissenschaftlich formuliert, sondern auch für seine eigene Arbeit insofern angewandt habe, als er sich ausschließlich mit der Produktion (Prinzip der Arbeitsteilung) beschäftigte, während er die Beschäftigung mit der Konsumtion (Kartoffel-Theorem) anderen überlassen wollte. Die orthodoxe Schule, zu der sich auch der Autor rechnet, ist der Auffassung, daß Smith die Formulierung des von ihm möglicherweise erkannten Kartoffel-Theorems deshalb unterlassen hat, weil er die unter diesem Theorem wirksamen Kräfte unter seinen Allerwelts-Mechanismus der *unsichtbaren Hand* (invisible hand) subsumierte.

WO IST DIE UNSICHTBARE HAND?

Immer, wenn Adam Smith nicht mehr recht weiterwußte, ließ er die unsichtbare Hand eingreifen. Sie lenkte alles zum Guten. Vor allem war Smith davon überzeugt, daß die unsichtbare Hand die selbstsüchtigen Tätigkeiten der verschiedensten Menschen auf einen Leisten des gemeinsamen Wohlstandes schlagen würde – und eine solche unsichtbare Hand würde wohl auch mit 47 990 zusätzlichen Stecknadeln oder mit den überschüssigen Nägeln in den Taschen eines schottischen Nagelschmiedes fertigwerden.

Anläßlich seines 250. Geburtstages am 5. Juni 1973 hieß es in der »Neuen Zürcher Zeitung«[1], Adam Smith habe sich

[1] Adam Smith. Zum 250. Geburtstag; in: Neue Zürcher Zeitung vom 10. Juni 1973, S. 19.

mit seinem berühmt gewordenen Wort, daß der Mensch, der sich den Regeln der »natürlichen« – letztlich göttlichen – Ordnung unterwirft, »in der Verfolgung seines eigenen Nutzens wie von einer unsichtbaren Hand geleitet wird« und damit einen »Zweck befördern hilft, den er sich in keiner Weise vorgesetzt hat«, nämlich die Sicherung des »Fortschritts einer Nation im Reichtum und Wohlstand«, in die Deckung einer überirdisch motivierten Harmonievorstellung begeben, aus der heraus er die Verhältnisse seiner Zeit unter kritischen und polemischen Beschuß nahm.

Aus gleichem Anlaß, dem 250. Geburtstag von Adam Smith, ist das Erbe des Wirtschaftsphilosophen hinter der brüchig gewordenen Deckung seiner Harmonielehre von führenden Theoretikern und Praktikern der Wirtschaft unserer Zeit kritisch und polemisch unter Beschuß genommen worden – bei einem Treffen an seinem Geburtsort Kirkcaldy. John Kenneth Galbraith *(Gesellschaft im Überfluß)* erklärte, der Nutzen der Philosophie des Adam Smith werde heute durch zwei entscheidende Faktoren begrenzt: Einerseits durch das Ausmaß seines eigenen Erfolges, andererseits durch seine falsche Beurteilung der menschlichen Natur. Der Erfolg seines Angriffs auf die Restriktion des Merkantilismus und die explosive Freigabe der geschäftlichen Aktivitäten im 19. Jahrhundert hätten in mancher Weise die schlimmsten Probleme hervorgebracht, mit denen wir 200 Jahre nach seinem Tod kämpften – Umweltverschmutzung, Bevölkerungsexplosion, Knappheit der Rohstoffe, Wirtschaftsimperialismus, Waffengeschäfte, Währungskrisen etc. Noch wichtiger für uns sei jedoch wohl sein größter Fehler: Seine grundlegende Theorie, daß das Zusammenwirken von

Millionen individueller Interessen sich zum Nutzen aller oder wenigstens der meisten Menschen auswirken werde, beruhe entscheidend auf der Annahme, daß jedermann auf sich gestellt und nur in geringem Maße zu Kooperation und Organisation fähig sei. Das sei jedoch unzutreffend, wie das Wachstum der Konzerne, der großen Bürokratien, der großen Gewerkschaften, der gigantischen Institutionen – im Guten wie im Bösen – ausreichend gezeigt habe.

Der britische Gewerkschaftsführer Vic Feather machte bei der Gedenkfeier in Kirkcaldy einige Vorbehalte gegen die Mini-Rolle, die Adam Smith dem Staat im Wirtschaftsleben zubilligen wollte, zeigte sich jedoch nicht prinzipiell abgeneigt, zur Regulierung des Wirtschafts- und Soziallebens die *unsichtbare Hand* einzuschalten. »Der einzige Ärger, den wir mit der unsichtbaren Hand haben«, fügte Vic Feather hinzu, »ist, daß sie nirgends zu sehen ist.«

Damit sind wesentliche Versäumnisse des Adam Smith aufgezeigt und Lücken in seiner Theorie sichtbar gemacht worden. Diese Lücken werden nun durch Aufarbeitungen gemäß dem Kartoffel-Theorem gefüllt, denn es gilt: *Nun sind die Lücken da, nun werden sie auch geschlossen.*

DIE KARTOFFELSPIELTHEORIE

Die Entscheidungstheorie und die Spieltheorie haben sich in den letzten dreißig Jahren[1] zu zentralen Bestandteilen der Wirtschaftstheorie entwickelt. Mit Hilfe dieser Theorien ist es gelungen, neues Leben in die dogmatisch erstarrten Denkgebäude der Nationalökonomie zu bringen, vor allem, weil damit nicht nur Freiheitsspielräume für individuelles Handeln ausgespart wurden (das hatte schon Adam Smith getan), sondern weil diese Räume mit Mutmaßungen über individuelle Aktionen und Reaktionen ausgefüllt wurden.

Wie W. Krelle[2] in Übereinstimmung mit zahlreichen anderen Autoren erläutert, ist die Entscheidungstheorie einerseits aus der Wahrscheinlichkeitstheorie, andererseits aus der Spieltheorie entstanden. Es handelt sich in der Entscheidungstheorie um sogenannte Ein-Personen-Spiele gegen die Natur, wobei unter Natur weniger ein Blumengarten als eine Schicksalsmacht von der Art der *unsichtbaren Hand* des

[1] Vor 30 Jahren erschien als grundlegendes Werk: v. Neumann and Morgenstern, Theory of Games and Economic Behaviour, 1. Auflage Princeton 1944; deutsch: Spieltheorie und wirtschaftliches Verhalten, Würzburg 1961.

[2] Wilhelm Krelle, Präferenz- und Entscheidungstheorie, Tübingen 1968.

Adam Smith verstanden wird. Die Schläge und Liebkosungen, welche diese *unsichtbare Hand* austeilt, werden in der Entscheidungstheorie mit bestimmten Wahrscheinlichkeiten gewichtet, und vor einer Entscheidung wird das Individuum den Nutzen von Schlägen und Liebkosungen sowie die Wahrscheinlichkeit kalkulieren, mit der das eine oder das andere eintritt.

Ein einfaches Beispiel für ein Ein-Personen-Spiel gegen die Natur: Herr Müller tritt vor die Haustür und sieht, daß eine schwere schwarze Wolke am Himmel hängt. Aufgrund früherer Erfahrungen schätzt er die Wahrscheinlichkeit eines heftigen Regens in der nächsten halben Stunde auf 90 Prozent, sieht im Naßwerden mit Grippefolgen eine Nutzenminderung seiner Gesundheit und entscheidet sich daher gegen einen Spaziergang. (Mit der Einführung von Frau Müller, die ihren Ehemann zum Ausgang drängt, weil sie die Wohnung putzen will, würde aus einem entscheidungstheoretischen Problem ein spieltheoretisches Problem, im gegebenen Fall ein Zwei-Personen-Spiel ohne Kooperation.)

Die wenigsten Autoren haben darauf hingewiesen, daß die Entscheidungstheorie in hohem Maße eine Frucht des Kartoffelanbaus ist. Wenn derartige Hinweise erfolgen, dann meistens nur in Form der folgenden Anekdote:

Ein führender amerikanischer Industrieller war einem Nervenzusammenbruch nahe, weil er von früh bis spät im Entscheidungs-Streß steckte. Er nahm Kurzurlaub und besuchte seinen Bruder, einen Farmer in Idaho, der vor allem Kartoffeln anbaute.

»Ich halte es nicht mehr aus in New York, Bruder«, sagte der Industrielle. »Bei dir gibt es noch Sonne und Wind, und nun gib mir noch eine einfache Arbeit, bei der ich mich erholen kann.«

»Okay«, sagte der Farmer, »geh drüben in den Hof und sortiere die Kartoffeln: Die kleinen in den einen Korb als Schweinefutter, die großen in den anderen Korb für den Verkauf an den Großhandel.«

Nach einigen Stunden kam der Farmer wieder zu seinem Bruder und erkundigte sich, wie es ihm ginge.

»Die frische Luft tut mir gut«, sagte der Industrielle. »Aber, lieber Bruder, mit meinen Nerven geht es rapide abwärts. Immer diese Entscheidungen: Kleine Kartoffel? Große Kartoffel? Kleine Kartoffel? Große Kartoffel? Große Kartoffel? Kleine Kartoffel?«

Die anekdotische Begebenheit zeigt, daß die Notwendigkeit, Entscheidungen zu treffen, auch durch die Entscheidung für einfache Landarbeit nicht beseitigt wird. Die Frei-

Große Kartoffel? Kleine Kartoffel?

heit des Menschen zur alternativen Entscheidung ist in jedem Moment ursprünglich gegeben und wird in jenem Moment durch die Entscheidung – im zitierten Beispiel hinsichtlich der Größe der Kartoffel und damit für den Einwurf in den einen oder in den anderen Korb – wieder verbraucht. Es gilt gemäß dem Kartoffel-Theorem: Nun ist die Freiheit da, nun wird sie auch genutzt.

An diesem Beispiel wird auch deutlich, daß Unsicherheit nicht der Preis der Freiheit, sonder die Voraussetzung der Freiheit ist: Wer unter Sicherheit handelt, braucht keine Freiheit, er hat auch ex definitione keine Freiheit; deshalb ist es ein unauflöslicher Widerspruch, wenn die Menschen zugleich volle Freiheit und volle Sicherheit verlangen oder wenn ihnen beides zugleich zugesichert wird. Diese Überlegungen haben jedoch nichts mit dem Kartoffel-Theorem im engeren Sinne zu tun.

NUN HABEN WIR DAS KARTOFFEL-THEOREM ...

Es gilt vielmehr, das Kartoffel-Theorem einzuüben, dabei immer neue Variationen zu entdecken und sich mit dem Gehalt des Theorems so völlig vertraut zu machen, daß man es selbst im Schlaf noch anwenden kann.

Geübte Kartoffelspieler sagen abends beim Schlafengehen: Nun habe ich einen Wecker, nun ziehe ich ihn auch auf. Nun ist der Wecker aufgezogen, nun wird er mich auch wekken.

Sie erwachen morgens durch das Klingeln des Weckers und sagen als erstes: Nun bin ich wach, nun stehe ich auch auf. Diese Methode sollte nicht mit dem autogenen Training verwechselt werden, das seit einiger Zeit auch bei uns in Mode ist[1]. Die Anwendung des Kartoffel-Theorems bedarf keiner vorbereitenden Schwerübung, sondern es gilt einfach: *Nun haben wir das Kartoffel-Theorem, nun wird es auch benutzt.*

Die erste Einübung des Kartoffel-Theorems geschieht am besten in einem kleinen, geselligen Kreis von etwa sechs Personen. Einer wird zum Spielleiter ernannt und gibt die Stichworte, auf die alle Mitspieler möglichst schnell reagieren müssen.

BEISPIEL EINES EINFACHEN SPIELES

Spielleiter: »Soldaten.«
Spieler A: »Nun haben wir die Soldaten, nun werden sie auch in den Krieg geschickt.«
Spielleiter: »Berg.«
Spieler B: »Nun ist der Berg da, nun wird er auch bestiegen.«
Spielleiter: »Streichhölzer.«
Spieler A: »Nun haben wir die Streichhölzer, nun brennen wir sie auch ab.«

In diesem kurzen Spiel hat der Spieler A mit zwei schnellen Assoziationen im Sinne des Kartoffel-Theorems mit 2:1 gewonnen. Dieses Basisspiel kann auf vielerlei Weise variiert werden, z. B. zum literarischen Kartoffelspiel:

[1] Vgl. G. Eberlein, Gesund durch autogenes Training, Düsseldorf und Wien, 1973; H. Lindemann, Überleben im Streß – Autogenes Training, München, Gütersloh, Wien 1973; jeweils mit detaillierten Übungsprogrammen.

Spielleiter: »Goethe – Faust.«
Spieler A: »Nun ist der Pudel im Zimmer, nun wird er auch schwitzen gemacht.«
Spielleiter: »Schiller – Tell.«
Spieler A: »Nun hängt der Hut dort auf der Stange, nun wird er auch gegrüßt.«
Spieler B: »Nun liegt der Apfel auf dem Kopf, nun wird er auch heruntergeschossen.«
Spieler A: »Nun ist die Axt im Haus, nun wird der Zimmermann auch eingespart.«

Wiederum hat der Spieler A mit 1:0 und 2:1 den Sieg davongetragen. Die Beispiele dürften sowohl die Variationsfähigkeit des Basisspiels wie die Notwendigkeit verdeutlicht haben, zeitliche Begrenzungen einzuführen und literarische Lexika bereitzuhalten.

BEISPIEL EINES GEHOBENEN SPIELES

Beim Basisspiel treten die Mitspieler zwar insofern gegeneinander an, als jeder bestrebt ist, möglichst viele Punkte zu holen. Aber jeder bildet doch seine eigenen Assoziationen (und die Fälle, in denen zwei Spieler gleichzeitig dieselbe Assoziation vortragen, sind äußerst selten). Beim gehobenen Kartoffelspiel hingegen müssen die Mitspieler Strategien und Gegenstrategien nach dem sogenannten *Buddhismus-Muster* entwickeln, das einen kleinen Weg und einen großen Weg zuläßt. Jeder Spieler muß sich auf das Stichwort des Spielleiters hin entscheiden, ob er auf dem kleinen Weg mit hoher Wahrscheinlichkeit einen Punkt verdienen oder das Risiko eingehen will, die Assoziation eines anderen

Klein-Weg-Spielers auf dem großen Weg zu übertrumpfen.

Spielleiter:	»Armee.«
Spieler A: (Kleiner Weg)	»Nun haben wir die Armee, nun wird sie auch in den Krieg geschickt.«
Spieler B: (Großer Weg)	»Nun hatten wir so eine schöne Armee, und was habens g'macht damit? In den Krieg habens geschickt!«

In jeder Runde erfahrener Kartoffelspieler wird der Spieler B mit seiner *österreichischen Variation* des Theorems als Sieger anerkannt werden. Österreichische Variationen sind für den großen Weg sehr geeignet; dafür noch ein Beispiel:

Spielleiter:	»Zeitung.«
Spieler A: (Kleiner Weg)	»Nun haben wir eine Zeitung, nun wird sie auch vollgeschrieben.«
Spieler B: (Großer Weg)	»Nun wundert sich Graf Bobby, warum immer gerade so viel in der Welt passiert, wie in die Zeitung hineinpaßt.«

Auch der gehobene Spielverlauf (das große Spiel) kann vielfach variiert werden. Eine Gruppe junger Intellektueller in Cambridge hat nach dem Muster von *the frog and the toad*[1] das Versatzspiel erdacht, das sich besonders für

[1] Ein kompliziertes Reimspiel, das vor allem von Cockneys in London entwickelt wurde. Beispiel: Als letztes bestellt einer in der Pub (Kneipe) »one for the frog« (einen für den Frosch). Eigentlich wollte er »one for the road« (einen für unterwegs) bestellen. Und weil sich auf »road« (Straße) »toad« (Kröte) reimt und eine Kröte mit einem Frosch zusammengehört, verlangt er: »one for the frog.« Falls dieses Spiel im Rahmen des britischen export drive in die Bundesrepublik gelangen sollte, würden Gäste im Wirtshaus künftig sagen: »Gib mir eine Kuh.« Eigentlich wollen sie ein Bier – aber auf Bier reimt sich Stier, und zum Stier gehört die Kuh.

Shakespeare-Experten und Schüttelreimer eignet *(Nun haben wir den Shakespeare, nun schütteln wir ihn auch)* und als das Schiller-Spiel etwa so laufen könnte:

Spielleiter: »Schiller – Tell.«
Spieler A: »Nun hängt der Hut dort auf der Stange . . .«
Spieler B: ». . . nun wird der Zimmermann auch eingespart.«
Spieler A: »Nun ist die Axt im Haus . . .«
Spieler B: ». . . nun wird sie auch heruntergeschossen.«
Spieler A: »Nun liegt der Apfel auf dem Kopf . . .«
Spieler B: ». . . nun wird der Vogt auch durch die hohle Gasse kommen.«
Spieler A: »Nun führt kein anderer Weg nach Küßnacht . . .«

Dieses Spiel kann solange gespielt werden, bis der eine oder der andere Spieler mit den Assoziationen nicht mehr zurechtkommt. Eine andere Variation, die einer Gruppe von Geschäftsleuten in Bielefeld zugeschrieben wird, ist das KK-Spiel (Kartoffel-Kurzgeschichten-Spiel), bei dem der Spieler, der sich für den »großen Weg« entscheidet, eine pointierte Kurzgeschichte von höchstens zehn Sätzen beisteuern muß; auch dafür ein Beispiel:

Spielleiter: »Streichhölzer.«
Spieler A: (Kleiner Weg) »Nun haben wir die Streichhölzer, nun werden sie auch abgebrannt.«
Spieler B: »Meine Freundin Monika wird von den Wirkkräften des Kartoffel-Theorems beherrscht. Sie hat immer Streichhölzer bei sich. Sie ist Tank-

stellen-Hostess. Der Sachschaden beläuft sich bisher auf etwa acht Millionen DM. Außerdem ist sie arbeitslos geworden.«

Diese spielerischen Ansätze sollten niemanden täuschen: Das Kartoffel-Theorem ist eine ernste, manchmal brutale Suche. Das hat auch Willy Brandt erfahren. Am entscheidenden Punkt der »Affäre Guillaume« kamen laut Brandts Auskunft gegenüber dem STERN[1] Bundesinnenminister Genscher und Verfassungsschutz-Präsident Nollau zu ihm und sagten: »Nun haben wir etwas, nun müssen wir das der Justiz übergeben.« Brandt dazu später: »Da hätte ich auf den Rat nicht mehr eingehen dürfen, mir vorläufig nichts anmerken zu lassen.«

Drei weitere wahre Fälle mögen die Einsicht in die soziologische Wirksamkeit des Kartoffel-Theorems abrunden.

1. FALL: DIE HEIMLICHE JURISTIN[2]

Miß Sonia McKay, 26 Jahre alt, wohnhaft in der Clarence Road in Peterborough, hat sich auf eine Stellenanzeige der Domestic Appliance Company in Peterborough beworben und daraufhin eine Stelle als angelernte Kraft an einer Maschine für 21 Pfund Sterling Grundlohn in der Woche erhalten. Kurz darauf wurde sie als ungeeignet entlassen. Der Eignungsmangel hatte sich nicht bei ihrer Arbeit gezeigt, sondern lag nach Darstellung der Firma in ihrer Bewerbung begründet: Sie hatte nicht angegeben, daß sie an der Universität Cambridge Jura studiert und einen akademischen Titel erworben hatte.

[1] »Warum Willy Brandt gehen mußte«, in: Der Stern, 21/1974, S. 162.
[2] Darstellung nach »The Times« vom 26. Oktober 1973.

Die Domestic Appliance Company erklärte: »Sie ist entlassen worden, weil sie auf dem Bewerbungsformular ihre akademischen Qualifikationen nicht angegeben hat. Als wir das herausfanden, haben wir ihr erläutert, daß sie für die Arbeit ungeeignet sei und gehen möge. Wenn Bewerber um Arbeitsplätze uns nicht vollständige Angaben über ihre Qualifikationen machen, ist es uns unmöglich festzustellen, ob sie für die Stelle, um die sie sich beworben haben, geeignet sind.«

Miß McKay erklärte: »Ich habe den Job des Geldes wegen angenommen. Ich wollte eine regelmäßige Nachtschicht arbeiten, die mir zwischen 35 und 45 Pfund die Woche eingebracht hätte.« Sie forderte die zuständige Gewerkschaft auf, sich ihres Falles anzunehmen.

Um den eigentlichen Kern des Problems in diesem Streitfall deutlich zu machen, bedienen wir uns des Kartoffel-Theorems. Die Haltung der Firma gegenüber Miß M. ist dann so zu formulieren: Nun ist der Titel da, nun muß er auch angegeben werden. Die Haltung von Miß McKay wäre durch die Formulierung gekennzeichnet: Nun brauche ich Geld, nun muß ich auch Arbeit finden.

Es bleibt dem Leser überlassen, ob er sich eher der Argumentation der einen oder der Argumentation der anderen Seite anschließt. Faktisch ist festzuhalten, daß die Forderung *nun ist der Titel da, nun muß er auch angegeben werden,* von den Arbeitgebern immer kategorischer erhoben wird, so daß junge Akademiker in aller Welt bei der Stellensuche vor ernsthafte und häufig unlösbare Probleme gestellt werden. Aus den USA sind bereits Fälle bekannt, in denen Harvard-Absolventen bei Bewerbungen um Jobs als LKW-Fahrer oder Eisverkäufer erklärt haben, von einer Harvard University hätten sie noch nie gehört, sie wüßten kaum, was ein College sei, und über ihren eigenen Namen hinaus hätten sie erhebliche Schwierigkeiten mit der Rechtschreibung. Der »Fall Miß McKay« zeigt, daß diese Problematik jetzt – wie zuvor Coca-Cola, Atomwaffen und manches andere – über den Atlantik nach Europa vordringt.

2. FALL: DER MYSTERIÖSE MINISTERIALRAT[1]

An einem sonnigen Morgen des Jahres 1936 meldete der Amtsgehilfe Möller in der Deutschen Botschaft in Rom dem Legationssekretär Hasso von Etzdorf, der in einer ebenso langwierigen wie langweiligen Konferenz beim Botschafter von Hassell saß, einen Ministerialrat Dräcker vom Reichsfinanzministerium in Berlin; der Herr sei soeben eingetroffen und wünsche ihn dringend zu sprechen.

Eilends verließ Etzdorf die Routinesitzung – und stürmte, an dem grinsenden Amtsgehilfen Möller vorbei, um die nächste Straßenecke, wo an der Piazza dei Santissimi Apostoli ein Brauerei-Ausschank kühles »Birra Dreher« zapfte. Denn den Ministerialrat Dräcker, der angeblich soeben eingetroffen war, den gab es gar nicht. Dreher, der Name der Triester Brauereifamilie, hatte Etzdorf zu einer Phantasie-Figur inspiriert, die ihm und seinen Freunden in der Botschaft dazu verhelfen sollte, Bier trinken zu gehen anstatt zu konferieren. Ein Phantom mit Homburg war geboren.

Jedem Kenner des Kartoffel-Theorems dürfte klar sein,

[1] Darstellung nach »Der Spiegel« 41/1967 und 48/1970 sowie aufgrund von bisher unveröffentlichten Akten des Auswärtigen Amtes.

daß der Fall des mysteriösen Ministerialrates damit erst angefangen hatte; denn es gilt: Nun ist Dr. Dräcker geboren, nun geht er auch durchs Leben. Bevor er jedoch im Deutschen Diplomatischen Dienst irgend etwas werden konnte, mußte er zunächst eines werden: aktenkundig. Das erfolgte durch eine Anfrage des damaligen Archivars im Auswärtigen Amt, Johann Ullrich, »betr. Ministerialrat Dr. Dräcker« beim Reichsarchiv. Damals entstand der »Vorgang Dräkker«. Und was oder wer in der deutschen Ministerialbürokratie zum Vorgang geworden ist, dessen Existenz ist bombenfest gesichert.

Nach diesen Unterlagen – so hat »Der Spiegel« aufgrund eingehender Recherchen festgestellt – wurde Edmund F. Dräcker am 1. April 1888 in Suleyken bei Gumbinnen (Ostpreußen) als ältester Sohn des dortigen Ortspfarrers Gotthilf Emmanuel Dräcker geboren. Die Familie ist hugenottischen Ursprungs und geht zurück auf den 1686 nach Brandenburg an der Havel eingewanderten Apotheker Jacques Drequeres de Dreque aus St. Thomas in den Cevennen.

Der junge Dräcker diente 1908/09 als Einjährigfreiwilliger im 3. Garde-Feldartillerie-Regiment, avancierte zum Leutnant der Reserve und trat 1910 »probeweise und unter Vorbehalt des Widerrufs behufs Vorbereitung für die konsularische Laufbahn« in das Auswärtige Amt ein. Er nahm am Ersten Weltkrieg teil und wurde nach der Schlacht von Tannenberg durch General von Hindenburg persönlich dekoriert. Er überlebte den Zweiten Weltkrieg und war beim Aufbau des neuen Auswärtigen Amtes dabei. Die Entnazifizierung hatte keine Schwierigkeiten bereitet, weil eine offizielle Anfrage bei der Alliierten Hochkommission ergab:

Die Zentralkartei der NSDAP enthält keine Eintragungen über Dräcker. Er machte Karriere, wurde 1952 als Ministerialdirigent geführt, in den Ruhestand versetzt, kam jedoch, wie es sich für ein aktenkundiges Phantom gehört, damit durchaus nicht zur Ruhe: Er wurde in Beirut in geheimer Mission gesichtet und – durch den Journalisten Thilo Bode – in Indien als Wanderprediger. Er soll auch beim Empfang für Bundespräsident Lübke in der Deutschen Botschaft in Neu Delhi dabeigewesen sein. Wie es heißt, wurde Dräkker durch Heinrich Lübke zu englischen Wendungen folgender Art inspiriert:

– *she ist better than her cry*
– *he has one in the crown*
– *he is lying like printed*
– *she made herself out of the dust.*

Von Dräcker wiederum sagten seine Kollegen mit Respekt: *He is heavy on the wire.* In kleiner Gesellschaft, so heißt es weiter, habe Dräcker einmal einen Legationsrat als *legation wheel* vorgestellt. Diese sprachliche Spur wurde im Herbst 1973 vom britischen Geheimdienst MI 5 wieder aufgenommen, dem – einem Bericht der Deutschen Botschaft in London zufolge – Informationen darüber vorlagen, daß Dr. Dräcker der Bonner UN-Delegation als *secret wheel* zugeteilt werden sollte. MI 5 war gut informiert: Presseamts-Staatssekretär Rüdiger von Wechmar hatte in einem vertraulichen Brief an Außenminister Scheel tatsächlich empfohlen, den verdienten Dr. Dräcker als Geheimen Rat mit zu den Vereinten Nationen nach New York zu nehmen.

Wenn die Angaben über das Geburtsjahr 1888 zutreffend

sind, war Ministerialdirigent Dr. Dräcker zu diesem Zeitpunkt schon 85 Jahre alt – und allenfalls noch, wie UN-Botschafter Gehlhoff angeregt hat, für Vorträge über Gerontologie einzusetzen. Offenbar aus Furcht, es könne ihnen ergehen wie Conan Doyle[1], wagte die deutsche Diplomatie jedoch nicht, dem Phantom das Lebenslicht auszublasen. Es war schwierig genug gewesen, ihm eine aktenkundige Existenz zu sichern. Es erwies sich als unmöglich, diese aktenkundige Existenz zu beenden: Wie trennt man sich von etwas, das es gar nicht gibt?

3. FALL: DER BETTELARME BOTSCHAFTER[2]

Im Jahre 1972 wurde Mr. David Bruce zu den bedeutendsten Diplomaten der USA gezählt. Er war Botschafter in London gewesen, Sonderbotschafter bei den Vietnam-Friedensgesprächen in Paris und war nun designierter Botschafter seines Landes in Peking. Er sah aus wie ein Botschafter, Zoll um Zoll, und er war sehr, sehr reich.

Eines Tages landete ein Linienflugzeug aus Paris auf dem National Airport in Washington. Botschafter Bruce stieg aus und ging zum Hertz-Schalter, um einen Leihwagen zu nehmen. Die junge Dame hinter dem Schalter fragte ihn nach seiner Kreditkarte. Botschafter Bruce hatte keine Kreditkarte. Er war so reich, daß er meinte, er könne es sich leisten, ohne Kreditkarte auszukommen.

[1] Der englische Kriminalschriftsteller Conan Doyle ließ seinen Helden, den Detektiv Sherlock Holmes, umkommen, als er seiner überdrüssig war. Wütende Proteste frustrierter Leser zwangen ihn, den Toten (über eine Scheintoterklärung) wieder zum Leben zu erwecken.

[2] Darstellung nach »The Times« vom 26. April 1973.

Die Dame hinter dem Schalter erklärte, dann könne sie ihm kein Auto überlassen.

Botschafter Bruce zog 400 Dollar aus seiner Brieftasche, um sie als Sicherheit zu hinterlegen.

Erfolglos.

Botschafter Bruce zog Dokumente aus seiner Aktentasche, vom US-Außenminister unterschrieben, um seine Identität zu klären.

Erfolglos.

Botschafter Bruce und andere wartende Kunden forderten die Hertz-Dame auf, sich mit ihrem Chef in Verbindung zu setzen.

Erfolglos.

Der Botschafter gab es auf.

Das Mädchen wandte sich dem nächsten Kunden zu, dem Journalisten Tom Braden von der Los Angeles Times. Er bekam sein Auto im Handumdrehen – weil er in der Hand ein winziges Stückchen Plastik hatte: Die Kreditkarte.

Tom Braden hat den Vorfall später in seiner Zeitung geschildert voller Erstaunen (und eine Erklärung von Hertz Rent A car ausgelöst, es sei nicht Firmenpolitik, auf Kreditkarten zu bestehen). Andere Journalisten haben über den Bericht Bradens über den Vorfall berichtet – voller Erstaunen. Eigentlich verwunderlich ist nur, daß erfahrene Journalisten sich über etwas wundern, was jedem Kenner des Kartoffel-Theorems unmittelbar einleuchtet: Die Handlungsweise der jungen Dame hinter dem Schalter nach der Formel: *Nun sind die Kreditkarten ausgegeben, nun werden sie auch benutzt.*

Alle drei geschilderten Fälle haben ihre spezielle Bedeu-

Nun ist der Revolver da . . .

tung. Alle gemeinsam zeigen, daß das Kartoffel-Theorem nicht nur zur Erklärung normaler Alltagssituationen wie *Nun sind die Kartoffeln da, nun werden sie auch gegessen* oder *Nun sind die Gewehre da, nun wird auch geschossen* dient, sondern auch völlig ungewöhnliche, geradezu paradoxe Situationen unmittelbar durchsichtig macht. Jeder kennt und versteht die Fälle, in denen jemand sich bemüht, seinem rechtmäßig erworbenen oder unrechtmäßig angeeigneten akademischen Titel Anerkennung zu verschaffen – aber die Beurteilung einer jungen Dame, die ihren Titel (von Cambridge!) unterschlägt, das ist etwas anderes. Man hat auch schon öfters von Menschen gehört, die keine oder keine ordnungsgemäße Geburtsurkunde vorweisen können und deren Existenz daher von den Behörden beständig angezweifelt oder direkt bestritten wird – aber die aktenkundige, entnazifizierte Existenz eines Nichtexistenten, das ist etwas ganz anderes. Man liest von Kreditkarten-Betrügern und von verkannten Millionären – aber ein erkannter Milionär, der in diplomatischer Mission auf einem Stückchen Plastik ausrutscht, das ist nur unter dem Kartoffel-Theorem verständlich.

BEGRÜNDUNG DES KARTOFFELNUTZENS

Der Fall bettelarmer Botschafter zeigt eine typische Konfliktsituation unserer Zeit: Der Botschafter und die Hertz-Dame hatten unvereinbare Vorstellungen vom Nutzen einer Kreditkarte. Das wiederum deutet an, daß die Anforderungen, die in der klassischen Präferenztheorie bis hin zum modernen Neumann-Morgenstern-Nutzen an die Konsistenz von Nutzenvorstellungen gemacht werden, unhaltbar sind.

Man braucht gar nicht mit der Kartoffel-Spieltheorie ver-

. . . nun wird auch geschossen

traut zu sein, sondern nur mit der Kartoffel an sich, um zu wissen: Die Nutzenvorstellungen einer Gruppe und sogar eines Individuums vom Kartoffelkonsum sind erheblichen Schwankungen unterworfen. Eben wollte Herr X. noch Kartoffelbrei, jetzt will er pommes frites – und irgendwie fehlen ihm die Pellkartoffeln. Salzkartoffeln? Kartoffelchips? Gebackene Kartoffeln? Bratkartoffeln? Süße Kartoffeln? Die Auswahl ist viel zu groß, als daß man ein Individuum auf eine einigermaßen beständige Präferenzskala festlegen könnte.

Seit Einführung des Kartoffel-Theorems hat sich die wissenschaftliche Landschaft völlig verändert. Die Frage nach dem Nutzen ist weitgehend aus der individuellen Betrachtung gelöst und objektiviert worden; denn es gilt auch: Eine Kartoffel ist eine Kartoffel ist eine Kartoffel. Das ist das objektive Postulat, das neben den subjektiven Vorstellungen von dem Nutzen verschiedener Kartoffelsorten und Zubereitungsarten steht. Die Dialektik von objektivem und subjektivem Nutzen erfordert in der Praxis ein hohes Maß an Flexibilität, das durch Zerlegung der individuellen Gesamtbefriedigung IB in drei subjekt-objektbezogene Nutzenelemente erreicht wird. Nach aller Erfahrung handelt es sich um die folgenden Elemente:

1. Der *Funktional-Nutzen,* d. h. der objektive oder objektivierbare Nutzen des Individuums aufgrund einer Entscheidung. Beispiel: Der Kauf eines Autos schafft – unter besonders günstigen Voraussetzungen – die Möglichkeit, schneller und bequemer als zu Fuß von A nach B zu gelangen;

2. Der *Prestige-Nutzen,* d. h. die nicht oder nicht unmittelbar objektivierbaren Veränderungen in der Einstellung der Mitmenschen zum Individuum aufgrund einer Entscheidung dieses Individuums. Beispiel: Der Kauf eines Autos oder zumindest einer bestimmten Marke bedeutet nach herkömmlicher Vorstellung einen erheblichen Prestigegewinn gegenüber Fußgängern, Radfahrern, Motorradfahrern und Besitzern kleinerer Autos.

3. Der *Spiel-Nutzen,* d. h. die ebenfalls nicht objektivierbare, spielerische und höchst persönliche, gelegentlich in den Prestige-Nutzen übergehende Befriedigung des Individuums aufgrund einer Entscheidung. Beispiel: Der Kauf eines Autos wird von manchem vor allem deshalb getätigt, um einen Jugendtraum zu verwirklichen und etwas Großes Reines zu tun: Das Auto waschen.

Bezeichnen wir den Funktional-Nutzen mit FN, den Prestige-Nutzen mit PN und den Spiel-Nutzen mit SN, so ergibt sich

$$IB = FN + PN + SN = \text{konstant}$$

Diese Gleichung ist unmittelbar quantifizierbar, um die drei Nutzenelemente als Prozentsätze der gesamten Befriedigung ausdrücken zu können:

$$IB = FN\% + PN\% + SN\% = 100$$

Diese Formel ist so leicht anwendbar, daß auch der wirtschaftswissenschaftlich nicht geschulte Leser damit arbeiten und bei künftigen Entscheidungen berücksichtigen kann, wie hoch Funktional-Nutzen, Prestige-Nutzen und Spiel-Nutzen einer bestimmten Entscheidung zu veranschlagen sind.

Betrachtet man die Bewertung eines einzelnen Objektes durch alle oder eine Mehrheit der Individuen, die zu diesem Objekt eine Beziehung haben, so zeigt alle Erfahrung, daß der Prestige-Nutzen häufig im Laufe der Zeit steigt, während der Funktional-Nutzen abnimmt. Einige Beispiele: Kavalleriesäbel, das britische Oberhaus, Windmühlen und Dampflokomotiven.

Die hier entwickelte Nutzenvorstellung hat eine lange Geschichte – von den Zeiten der Römer über die Zeit der Habsburger Doppelmonarchie bis in die Gegenwart. Für die historische Entwicklung nur zwei Beispiele: In Rom galt als wichtigste Maxime für einen Cäsar, daß er dem Volk Brot und Spiele (panem et circenses) bieten müsse; im Sinne der eben entwickelten Formel: Volksbefriedigung (VB) = Brot-Nutzen + Spielnutzen (während der Prestige-Nutzen den aristokratischen Klassen vorbehalten blieb). In Wien brachte ein k.-u.-k.-Artillerie-Offizier die Wirkung seiner Kanonen auf den Gegner einmal auf die klassisch zu nennende Formel: Trefft's, dann haut's alles z'ammen, trefft's net, dann ist die psychologische Wirkung eine ungeheuere; im Sinne der eben entwickelten Formel: Militärische Befriedigung (MB) = Funktional-nützliche Vernichtung des Feindes (bei einem Prestigegewinn von 0); oder MB = Prestigegewinn von 100 % ohne funktional-nützliche Vernichtung. (Dabei ist der Spielnutzen stets 0, weil zumindest in Österreich der Krieg selten als eine Spielerei empfunden wurde.)

Einige Kritiker der eben entwickelten Nutzenvorstellung haben darauf hingewiesen, daß bei manchen Objekten der funktionale Nutzen und der Prestigenutzen gleichzeitig sinken. Als typisches Beispiel wird neuerdings vor allem das Automobil genannt: Man kommt damit kaum mehr vorwärts, also ist der Funktional-Nutzen gesunken. Man fährt wegen der Benzinverknappung wieder Fahrrad oder geht zu Fuß, während Automobilisten häufig mit bösen Blicken verfolgt werden – also ist auch der Prestige-Nutzen des Automobils gesunken. Diese Beobachtung ist völlig zutreffend. Die Schlußfolgerung, daß damit das Kartoffel-Nutzenschema widerlegt würde, ist jedoch völlig falsch. Aus der oben angegebenen Formel ergibt sich eindeutig, daß ein Sinken sowohl des Funktional-Nutzens wie auch des Prestige-Nutzens möglich ist (sogar unter 0), daß jedoch der Spiel-Nutzen kompensatorisch steigt. Das bestätigt sich in ganz besonderer Weise am Automobil[1].

[1] Vgl. Kapitel zehn.

EINZUG DER WEISSEN ELEFANTEN

Adam Smith hatte der Industriewirtschaft vor 200 Jahren den entscheidenden Anstoß gegeben. Seitdem hat sie sich von der Bedarfsdeckungswirtschaft über die Produktionswirtschaft (mit Produktionsumwegen und Bedarfsweckung) zu einer Arbeitsplatzbeschaffungswirtschaft entwickelt, in der die Aufzucht von Weißen Elefanten eine immer größere Bedeutung erlangt. Diese drei Stadien der Wirtschaftsentwicklung[1] werden nachfolgend dargestellt und in ihren wichtigsten Aspekten unter Anwendung des Kartoffel-Theorems analysiert.

1. Bedarfsdeckungswirtschaft

Im Anfang waren die natürlichen Bedürfnisse des Menschen nach Nahrung, Wärme und Obdach. Diese Bedürfnisse werden in der Bedarfsdeckungswirtschaft so direkt wie möglich und oft rücksichtslos befriedigt. Hunger und Kälte bestimmen den Wert der Waren, die häufig direkt getauscht werden, weil es am Geld oder am Vertrauen zum Geld fehlt.

[1] Viele Nationalökonomen und Soziologen haben Drei-Stadien-Theorien entwickelt. Einige Psychologen vermuten, daß sie damit dem Verdacht entgegentreten wollten, sie könnten nicht bis drei zählen. – Das hier zitierte Schema wurde erstmals entwickelt in: Rolf Breitenstein, Wir müssen nicht im Dreck ersticken, Düsseldorf und Wien 1971, S. 42 ff.

Trotz (oder wegen?) der Kargheit des wirtschaftlichen Lebens sind die Menschen oft recht glücklich: Die einen, weil sie es nicht besser wissen und Arbeit haben; die anderen, weil sie Arbeit haben und zu wissen meinen, daß Fleiß und Sparsamkeit der wirtschaftenden Menschen die Wirtschaft insgesamt zum take-off-point führt, an dem mit der produktiven Entfaltung der Wirtschaftskräfte ein Wachstumsprozeß zu neuen Quantitäten und Qualitäten beginnt.

Das oberste Gebot der Bedarfsdeckungswirtschaft lautet: *Nun sind die Bedürfnisse da, nun werden sie auch befriedigt.*

2. Produktionswirtschaft

Die Befriedigung der Bedürfnisse gelingt um so besser, je arbeitsteiliger die Wirtschaft organisiert wird. Die Arbeit kann nur dann immer weiter geteilt und weitergegeben werden, wenn mit Hilfe von Investitionen immer neue Produktionsumwege eingeschlagen werden. Volkswirtschaftliche Lehrbücher führen häufig ein einfaches Beispiel an: Die Menschen, die bisher mühsam wenige Fische mit der Hand gefangen haben, wenden unter vorübergehendem Konsumverzicht (Investition) eine Anzahl von Arbeitstagen daran, ein Netz zu knüpfen, um anschließend mit weniger Mühe mehr Fische zu fangen[1]. Dieses Beispiel und die Produktionsumwege allgemein bedürfen einer gründlichen Analyse. Zunächst ist jedoch unmittelbar einleuchtend, daß die Menge der zur Verfügung stehenden Fische nach vollem Einsatz

[1] Zu dieser Entwicklung bedarf es nach den üblichen wirtschaftswissenschaftlichen Theorien des sogenannten technischen Fortschritts. Dabei handelt es sich jedoch um eine zweifelhafte Größe, die für die vorliegende Untersuchung nur insoweit relevant ist, als sie im Kartoffel-Theorem ihren Ausdruck findet: »Nun ist der technische Fortschritt da, nun wird er auch ausgenutzt.«

des Netzes den ursprünglichen Bedarf der Fischer und ihrer Familien erheblich übersteigt. Es ist auch nach aller Erfahrung und sozusagen ex definitione unmöglich, daß die Fischer die Fangzeit solange reduzieren, bis nur noch der ursprüngliche Bedarf gedeckt wird; denn es gilt das Kartoffel-Theorem: Nun haben wir ein Netz, nun wird auch damit gefangen; solange als möglich und so kräftig wie möglich: Eine permanente Überproduktionskrise.

Man versucht, diese Krise dadurch zu überwinden, daß die Bedarfsdeckungswirtschaft zu einer Bedarfsweckungswirtschaft umfunktioniert wird. Der Bedarf ist die meßbare Summe der Güter und Dienstleistungen, die zur Befriedigung der Bedürfnisse der Menschen in einem bestimmten Gebiet (in einem Haushalt oder auf der Erde) benötigt werden. Eine Bedarfssteigerung ist möglich durch (a) eine Vermehrung der Menschen oder (b) Erweckung neuer, bisher unbekannter Bedürfnisse oder (c) eine Kombination beider Methoden. Alle drei Verfahren sind in den letzten 200 Jahren angewendet worden, mit durchschlagenden Ergebnissen: Eine Explosion der Bevölkerung und eine Explosion der Bedürfnisse. Diese Entwicklung wird später einer genaueren Analyse unterzogen.

3. Arbeitsplatzbeschaffungswirtschaft

Die Befriedigung von Bedürfnissen erfordert Arbeit. Je arbeitsteiliger die Produktion wird und je länger die Produktionsumwege werden, desto weniger begreift der einzelne, was und warum er es eigentlich tut: Das ist das Entfremdungs-Lamento von Karl Marx, der immer gern heim zu den Handwerkern wollte. Die Arbeit hat sich als Prinzip verselbständigt: Es ist nicht mehr wichtig, daß Bedürfnisse befriedigt werden; es ist auch nicht wichtig, was produziert wird; es ist nicht einmal so wichtig, ob produziert wird. Wichtig ist, daß die Menschen arbeiten können und daß dafür Arbeitsplätze zur Verfügung stehen.

Es gilt nach dem Kartoffel-Theorem: Nun sind die Menschen da, nun bekommen sie auch Arbeitsplätze. Wie das praktisch funktioniert und welche Rollen die Weißen Elefanten dabei übernehmen, wird später erörtert.

TISCHLEIN DECK DICH

Das früher zitierte Beispiel für einen Produktionsumweg beschreibt nur den Beginn einer Entwicklung: Die Menschen, die bisher mühsam wenige Fische mit der Hand gefangen haben, wenden unter vorübergehendem Konsumverzicht (Investition) eine Anzahl von Arbeitstagen daran, ein Netz zu knüpfen, um anschließend mit weniger Mühe mehr Fische zu fangen. Die volkswirtschaftlichen Lehrbücher verschweigen meistens, wie es weitergeht: Der Fischfang vom Ufer oder von kleinen Booten aus wird den Fischern auch mit dem neuen Netz wieder zu mühsam. Es werden Fangschiffe gebaut, ferner Fabrikschiffe zur Verarbeitung der Fische auf hoher See, ferner Kanonenboote zum Schutz der Fangschiffe und der Fabrikschiffe gegen jene Kanonenboote, welche die Fangschiffe und die Fabrikschiffe der Konkurrenz schützen, schließlich Flugzeuge zur Aufklärung für die Kanonenboote und Fla-Waffen zur Verhinderung der Luftaufklärung[1].

[1] Zum selbständigen Weiterstudium werden empfohlen: 1. Das Märchen vom Fischer und seiner Frau; 2. Die Meldungen über den Kabeljau-Krieg (Cod War) um Island 1973.

Man sieht, was alles werden kann, wenn jemand es zu mühsam findet, seine Fische mit der Hand zu fangen. Und das Kartoffel-Theorem schreibt zwingend vor: Nun ist der Produktionsumweg gefunden, nun wird er auch beschritten.

Gelegentlich führen Produktionsumwege wechselweise durch Stadien des Zerkleinerns und des Zusammenfügens. Dies ist für den wissenschaftlich ungeschulten, mit der Wechselwirkung von Analyse und Synthese nicht hinreichend vertrauten Beobachter verwirrend und bedarf der Erläuterung. Ein typisches Beispiel sind die *Hamburgers,* die amerikanischen Verwandten der Berliner Bouletten. In der ersten Produktionsstufe wird das Fleisch durch den Wolf gedreht, um es möglichst winzig zu zerkleinern. In der zweiten Produktionsstufe wird es zum Hamburger zusammengeknetet, so daß es recht fest zusammenhält. In der dritten Stufe, schon ganz nahe am eigentlichen Konsumtionsakt, wird es auf dem Teller wieder zerkleinert.

Dieses Beispiel zeigt auch deutlich, daß das *Umweg-Wirtschaften* keineswegs auf die Produktionssphäre beschränkt ist. Auch in jedem besseren Haushalt hat das Umweg-Denken heute seinen festen Platz. Ein Beispiel für viele, das zugleich dem neuen Forschungsgebiet den Namen *(Tischlein-Deck-Dich-Probleme)* gegeben hat:

Ein Tisch erfüllt insofern ein Grundbedürfnis, als derjenige, der nicht im Stehen essen, schreiben oder skatspielen will, sich daran setzen und diese Tätigkeiten im Sitzen ausüben kann. Alle deutschen Hausfrauen erkennen das an. Aber nicht jede Hausfrau kann sich mit einem rohen, nackten, hölzernen Tisch befreunden. Also wurde die Tischdecke erfunden – und kaum eine Hausfrau, die ihren Tisch nicht damit deckte. Die Tischdecken sind häufig aus so kostbaren Stoffen gewebt oder mit so handeigenen Häkeleien verziert, daß es untunlich wäre, sie den Unbilden eines Familienkaffees auszusetzen, zumal mit Kindern und Kakao. Also wurden durchsichtige Schondecken entwickelt, die über die Tischdecken gelegt werden, welche über den Tisch gelegt werden.

Eine Gruppe von Wirtschaftswissenschaftlern aus der UdSSR hat die These aufgestellt, bei den Tischlein-Deck-Dich-Problemen handele es sich um eine kapitalistische Adaption der alten russischen Puppe in der Puppe und daß für derartige Erscheinungen in den sozialistischen Ländern heute kein Platz mehr sei. Letzteres ist unzutreffend. Nur ein Beispiel: In sozialistischen Hotels sind die Polstermöbel meistens mit Schonbezügen versehen; gelegentlich findet man auf den Schonbezügen auch Spitzendeckchen zum Schmuck. Das zeigt, was ohnehin unbestritten ist: Die Gültigkeit des Kartoffel-Theorems kennt keine ideologischen Grenzen.

Die umfassende und überragende Bedeutung des Umweg-Wirtschaftens für die volkswirtschaftliche Gesamtrechnung und für die Verkehrsplanung wird erst in späteren Kapiteln deutlich werden. Dann wird auch verständlich werden, warum manche Theoretiker von der Umweg-Wirtschaft als einem eigenen Entwicklungstypus sprechen. Zwei wesentliche Elemente dieser Wirtschaftsform können jetzt unmittelbar diskutiert werden: Die administrative Verhärtung von Produktionsumwegen und die systembedingten persönlichen Umwege.

Die administrative Verhärtung von Produktionsumwegen ist ein Doppeleffekt, der einerseits auf dem stetigen, andererseits auf dem langsamen Gang von Verwaltungsapparaten beruht. Wenn jemand eine großartige Idee hat und zu ihrer Verwirklichung Geld benötigt, ist dieses bei einer richtig organisierten Verwaltung nicht vorhanden. Man erinnert sich, wie lange Kolumbus mit seiner Amerika-Idee und Gutenberg mit seiner Druckschrift herumgelaufen sind, ehe sie – auf Umwegen! – zu Geld kamen, um ihre Pläne auszuführen[1]. Wenn die Idee jedoch schon weitgehend verwirklicht ist, rollt plötzlich das Geld aus dem langsam, aber stetig arbeitenden Verwaltungsapparat an. Und dann gilt das Kartoffel-Theorem in gewohnter Weise: Nun ist das Geld da, nun wird es auch ausgegeben.

Die Theorie der administrativen Verhärtung von Produktionsumwegen erklärt auch ein Phänomen, das Parkinson[2] schon aufgefallen war: Schlösser, Paläste und in neuerer Zeit die Verwaltungshochburgen sowie luxuriöse Flughafenbauten werden immer erst dann fertig und bezogen, wenn das Geschlecht der Schloß- und Palastbewohner im Abstieg ist, der Verwaltungsgegenstand zur Winzigkeit geschrumpft ist oder der Verkehr sich auf einen anderen Flughafen verlagert hat.

Die systembedingten persönlichen Umwege werden auch als *U-Wege* bezeichnet, weil sie U-förmig zu einem Punkt führen, der in unmittelbarer Nähe des ursprünglichen Zieles liegt, das wegen systembedingter Sperren nicht direkt er-

[1] Wenn man jedoch das schlimme Ende sowohl von Kolumbus wie von Gutenberg sowie den Stand der europäisch-amerikanischen Beziehungen und des Büchermarktes bedenkt, dann erkennt man schon etwas von der verteufelten Humanität der Verwaltungsapparate.

[2] C. Northcote Parkinson, Parkinson's Law; deutsch: Parkinsons Gesetz, Düsseldorf, Stuttgart, Wien 1958, S. 83 ff.

reicht werden konnte; denn die meisten Menschen entfernen sich mit fortschreitendem Aufstieg immer weiter vom ursprünglichen Ziel ihrer Wünsche.

Die Gültigkeit dieser These kann jeder zunächst an sich selbst und in seinem Bekanntenkreis leicht überprüfen. Man fragt sich selbst und die Bekannten: »Was hättest Du eigentlich werden wollen – oder was möchtest Du heute werden, wenn Du völlig freie Wahl hättest?« Der Prozentsatz derer, die darauf genau oder annäherungsweise den Beruf oder die Tätigkeit nennen, die sie gegenwärtig ausüben, hat bei allen bisherigen Umfragen zwischen 1,5 und 6,3 Prozent gelegen. Die anderen Befragten haben »das vom Vater übernommen«, hat es »in diesen Job verschlagen«, möchten »noch etwas Boden unter die Füße bekommen, ehe wir etwas anderes versuchen«, sind »nun doch schon zu alt zum Wechseln«, finden »was wir jetzt tun auch nicht so furchtbar« oder hatten sich »über die eigenen Wünsche getäuscht«.

Nur besonderen Persönlichkeiten gelingt es, auf dem U-Weg in die Nähe ihres ursprünglichen Zieles zu kommen. Typische, aber seltene Beispiele sind: Der Junge, der Archäologe wird, um im Abfall stochern zu dürfen, oder der Eisenbahnpräsident, der eigentlich nur ungestört mit seiner Spielzeugbahn spielen wollte. Adolf Hitler gehört in diese Kategorie, weil er seinen Wunsch, Architekt zu werden und Monumentales zu bauen, nach Abweisung bei der Kunstakademie nur auf Umwegen (und für eine begrenzte Zeit) verwirklichen konnte. Gelegentlich wird auf Karl Marx hingewiesen, der mit seiner Habilitationsschrift an der Universität Bonn scheiterte und gezwungen war, »Das Kapital« zu schreiben, um sich einen wissenschaftlichen Namen zu machen.

Eine besonders interessante *U-Weg-Persönlichkeit* ist dem Autor in New York begegnet. Es handelte sich um einen Milliarden-Dollar-Manager, auf dessen Schreibtisch die berühmten drei Äffchen (in Silberausführung) standen, die sich Ohren, Augen und Mund zuhalten: Nichts hören, nichts sehen, nichts sagen. Der Blick des Managers lag direkt neben dieser Gruppe auf einer Akte, während er am Telefon den Bericht über eine Konferenz in Chikago entgegennahm und seiner Sekretärin einen Brief an die Filiale in Paris diktierte. »Der netteste und genügsamste Mensch, den ich kenne«, erklärte später die Sekretärin, »manchmal lebt er tagelang nur von einigen Handvoll Erdnüssen und einigen Bechern Eiswasser.«

Wer die U-Wege nicht kennt, möchte fragen: Warum ist er dann nicht gleich auf dem Baum geblieben, sondern hockt hier hinter dem Schreibtisch? Wer die U-Wege kennt, der weiß: Nur nach langem, mühevollem Weg, gepflastert mit Steaks und Bloody Marys und Gin Tonics, ist es ihm jetzt möglich geworden, das zu tun, was die gesellschaftliche Situation ihm ursprünglich verboten hatte: Nur irgendwo zu hocken, gelegentlich ein paar Erdnüsse essen und einen Schluck Wasser trinken.

Ein sehr reizvoller und wichtiger Fall der Entwicklung einer U-Weg-Persönlichkeit wurde dem Autor in Berlin von einer Dame geschildert, die an einem Kursus in autogenem Training teilgenommen hatte: Ein Student mit erheblichen nervlichen Störungen erhielt von seinem Arzt den Rat, er solle Holz hacken. Der Student wollte das gern tun, hatte aber weder Holz noch Axt noch Hackklotz zur Verfügung, fürchtete auch, daß eine derartige Tätigkeit, auf seiner Bude im Mietshaus ausgeübt, die Nachbarn stören könnte. Er besuchte daraufhin den Kursus in autogenem Training, in dem er sich solange unter fachkundiger Anleitung trainierte, bis er – ohne Holz, Axt und Hackklotz – in einer Art Tagtraum Holz hackte und zwar mehrere Stunden am Tag. Die quälenden nervlichen Störungen sind daraufhin weitgehend zurückgegangen. Der Student war seinem ursprünglichen Wunsch, Holzhacker zu werden, so nahe gekommen wie es unter der gegenwärtigen Gesellschaftsordnung möglich ist.

ESEL STRECK DICH

Die Weckung neuer Bedürfnisse muß mit der Steigerung der Produktion Hand in Hand gehen, wenn eine Überproduktion verhindert oder wenigstens in ihren Auswirkungen gemildert werden soll. Es gilt zwar das Say'sche Theorem: Jede Produktion schafft sich ihren Absatz[1]; aber manchmal dauert es einfach zu lange, bis der Absatz gefunden ist, so daß die zeitliche Stringenz des Kartoffel-Theorems nicht gewahrt bleibt: Nun sind die Waren da, nun werden sie auch (möglichst bald) abgesetzt.

Es gibt Zehntausende von Büchern in Dutzenden von Sprachen, in denen erklärt wird, wie man jemandem etwas verkauft; die Autoren dieser Bücher sind für solche Erklärungen insofern geeignet, als es ihnen doch gelungen ist, dem

[1] Jean Baptiste Say (1767–1832), französischer Journalist und Ökonom. Hauptwerk: Traité d'Economie Politique (1803). Das Say'sche Theorem besagt: Produkte werden in letzter Linie immer mit Produkten gekauft. Die Produktion schafft sich daher selbst ihren Absatz. Eine allgemeine Absatzkrise ist daher unmöglich. J. M. Keynes hat die Kritik dieses Theorems zum Ausgangspunkt seiner Arbeit genommen.

Interessenten ein Buch zu verkaufen, in dem erklärt wird, wie man jemandem etwas verkauft. Dieses *Esel-Streck-Dich-Problem,* wie man andere Menschen veranlaßt, Geld auszuspucken, ist nicht Gegenstand des vorliegenden Buches, so daß die Darstellung der Bedarfsweckungswirtschaft auf eine allgemeine Regel und einige spezielle Fälle beschränkt werden kann.

Die allgemeine Regel ist zweiteilig und lautet in der Formulierung des Kartoffel-Theorems:

- Nun haben wir die Waren, nun finden wir auch einen Markt;
- Nun haben wir einen Markt, nun setzen wir die Waren auch ab.

Als der Philantrop A. Parmentier (1737–1813) die Kartoffel in Frankreich einführte, demonstrierte er zugleich Verkaufskunst: Weil die Bauern keine Kartoffeln anbauen wollten, zog Parmentier hohe Zäune um seine Kartoffeln, um sie gegen Diebstahl zu schützen. Gleich kamen die Bauern, klauten Kartoffeln und bauten sie selber an. Viel bekannter ist das Beispiel der beiden amerikanischen Marktanalytiker, die von einem Schuhkonzern zu einem besonders primitiven Papua-Stamm nach Australien entsandt wurden. Jeder der beiden Marktforscher schickte bald nach der Ankunft ein Telegramm an die Zentrale in New York.

»Keinerlei Marktchancen«, kabelte der erste, »hier trägt niemand Schuhe.«

»Phantastische Marktchancen«, kabelte der zweite, »hier trägt niemand Schuhe.«

Wenn der Markt auf diese Weise entdeckt ist, müssen

echte Bedürfnisse nach der vorhandenen Ware geweckt werden. In einigen Lehrbüchern des erfolgreichen Verkaufens wird die Geschichte der beiden Schuhabsatzforscher so weitererzählt: Der Analytiker, der die Marktchancen als »phantastisch« erkannt hatte, tat sich mit einem Reißzweckenvertreter zusammen. Gegen entsprechende Kommission streute dieser seine Ware – im wahrsten Sinne des Wortes – unters Volk, wonach das Schuhbedürfnis ruckartig geweckt war. Eine solche Methode, die auch im Frühkapitalismus als etwas zweifelhaft gegolten hätte, ist heute völlig abzulehnen; aber die Idee eines gekuppelten Warenangebotes hat doch viele Freunde unter den erfahrenen Verkäufern. Im vorliegenden Fall des Schuhverkaufs an die Papuas wäre ein gemeinsames Angebot des Schuhverkäufers und eines Schuhcremeverkäufers nicht nur statthaft, sondern in hohem Maße sinnvoll: Einerseits würde dadurch vermieden, daß die Papuas die Schuhcreme direkt auf die Füße schmieren müßten, andererseits könnte man daran denken, die Schuhe zu einem Lockpreis loszuschlagen und die Verluste durch erhebliche Aufschläge auf die Schuhcreme wieder hereinzuholen, die den Schuhen erst den rechten Glanz gibt[1].

Ein besonders elegantes Kuppelangebot könnte auch aus Schuhen und Zigaretten bestehen; denn selbst die Papuas wissen inzwischen, daß man meilenweit geht und eine Schuhsohle durchläuft, ehe man eine bestimmte Zigarettenmarke bekommt – und wie soll man eine Schuhsohle durch-

[1] Um eventuellen Beschwerden vorzubeugen, erklärt der Verfasser, daß es sich um die Schilderung fiktiver Kuppelangebote handelt und Vergleiche mit dem Angebot billiger US-Atomreaktoren samt Lieferverträgen über sehr teueres Uran oder mit einer Lieferung preiswerter französischer Fernsehgeräte, die nur auf das französische System eingerichtet sind, nicht beabsichtigt sind.

laufen, wenn man keine Schuhe hat? (Fortgeschrittene Studenten des Kartoffel-Theorems haben ohne weitere Anleitung erkannt, daß die Wirkung der zitierten Zigaretten-Werbung auf der allgemeinen Zustimmung zu dem Satz beruht: Nun habe ich eine Schuhsohle, nun laufe ich sie auch durch. Ähnlich lassen sich fast alle erfolgreichen Werbesprüche auf das Kartoffel-Theorem reduzieren.)

Verkaufskanonen der alten Art (Er verkauft Ihnen die Brooklyn Bridge; er verkauft den Eskimos die Eisschränke) sind heute nicht mehr populär. Opas Ökonomie ist tot; wir leben für die Ökologie[1], und Umweltschutz ist die zugkräftige Parole. Es gilt das Kartoffel-Theorem: Nun ist der Dreck da, nun wird er auch wieder weggemacht bzw. in der Formulierung von Bundespräsident Gustav W. Heinemann: Wer Schaden anrichtet, hat auch für seine Behebung zu sorgen. Es können nicht länger Gewinne privat vereinnahmt werden, der Ausgleich von Schäden aber auf die Allgemeinheit abgewälzt werden.

Nun darf und muß gesagt werden: Nicht nur der Weg zur Hölle ist mit guten Vorsätzen gepflastert, auch der Weg ins Paradies einer ökologischen Ordnung führt über höllisches Pflaster.

Jeder zweite Deutsche versteht unter Umweltschutz vor allem eine gute Müll- und Abfallbeseitigung. In Vollzug dieses Volkswillens oder im Vorgriff darauf haben zahlreiche Stadtverwaltungen in der Bundesrepublik in den letzten Jahren ihre Müllabfuhr und Müllverwertung modernisiert und erheblich ausgeweitet, so daß die Mülltonnen, die Müll-

[1] grch. oikos (das Haus); Bezeichnung der Lehre vom Gleichgewicht der Natur, nach Ernst Haeckel (1834–1919).

wagen, die Mülldeponien und Müllverbrennungsanlagen auch noch für die Abfall-Lawinen der nächsten Jahre ausreichen. Einerseits ist also eine hohe Müllbeseitigungskapazität vorhanden. Andererseits stagniert die Bevölkerungsentwicklung in der Bundesrepublik, und die Bundesbürger sind so umweltbewußt geworden, daß mancher schon sein Bonbonpapier in einen Papierkorb statt auf die Straße wirft. Fazit: Das folgende Gespräch zwischen dem Direktor der Städtischen Reinigungswerke und dem Bürgermeister ist keine reine Utopie mehr.

Reinigungsdirektor: »Wir haben jetzt die Übersichten für das zweite Quartal vorliegen, Herr Bürgermeister. Danach war die Müllverbrennungsanlage mit durchschnittlich 63 Prozent ihrer Kapazität ausgelastet. Die Müllfahrzeuge wurden im Zwei-Schichtendienst eingesetzt, das heißt wegen der Schichtverkürzung, daß sie täglich im Durchschnitt drei Stunden auf der Straße waren. Da es sich um überwiegend neue Wagen handelt, fielen kaum Reparaturen an.«

Bürgermeister: »Aber mein lieber Direktor, dafür erwarten Sie doch hoffentlich keinen Beifall. Die Verbrennungsanlage liegt mit 37 Prozent Leistung brach, und die Müllwagen stehen 21 Stunden am Tage still. Nach der Arbeitsmoral des Personals will ich gar nicht erst fragen. Die Leute müssen doch völlig frustriert sein. Ich will Ihnen mal was sagen: Nun haben wir die Müllwagen angeschafft, nun werden sie auch eingesetzt! Nun haben wir die teure Verbrennungsanlage gekauft, nun wird gefälligst auch verbrannt – und wenn der ganze Schnee verbrennt! Wie stehe ich denn sonst da in der Stadtverordnetenversammlung, nachdem wir diesen Krach um die Bewilligung der Gelder hatten.«

Reinigungsdirektor: »Ich sehe das Problem, aber ich weiß nicht, was man da tun kann. Es fällt eben einfach viel weniger Müll an als wir erwartet hatten, sozusagen ein defizitäres Müllverhalten seitens der Bevölkerung. Wir können doch keine Werbekampagne starten: Macht mehr Müll!«

Bürgermeister: »Natürlich nicht. Aber erst einmal wollen wir die Kampagne für den Umweltschutz drosseln. Dann schlage ich vor, daß wir die Müllabfuhrgebühren senken. Das ist außerordentlich populär und fördert bestimmt die Müllproduktion.«

Reinigungsdirektor: »Und wenn das finanzielle Defizit der Reinigungswerke durch die Gebührensenkung steigt?«

Bürgermeister: »Teils wird das durch das größere Müllvolumen ausgeglichen, und im übrigen ist das völlig in Ordnung: Wenn die soziale, hygienische und ökologische Notwendigkeit der Maßnahme durch die volle Auslastung der Kapazität des Fuhrparks und der Verbrennungsanlage nachgewiesen ist, wird das jedermann einsehen.«

Reinigungsdirektor: »Vielleicht können wir dann für einige Betriebe mit besonders hoher Müll-Leistung zum Nulltarif übergehen?«

ÜBER DEN KEYNES'SCHEN GRABEN

Nach diesen Anläufen können alle Studenten des Kartoffel-Theorems, die mit dem bisher dargebotenen Stoff keine Schwierigkeiten hatten, sich den Sprung über den Keynes'schen Graben zutrauen – hinüber ins Land der Weißen Elefanten.

Der Keynes'sche Graben hat in der Wirtschaftstheorie

eine ähnliche Bedeutung wie die Smith'sche Stecknadelfabrik[1]. Keynes hat bekanntlich die Ansicht der Klassiker verworfen, daß eine Volkswirtschaft, speziell hinsichtlich Beschäftigung, Zins und Geld von selbst in einen erträglichen Gleichgewichtszustand findet, wenn man sie nur in Ruhe läßt. Keynes vertrat vielmehr die Auffassung, daß eine Wirtschaft, die man in Ruhe läßt, auf lange Zeit im unerträglichen Zustand der Unterbeschäftigung verharren kann. Er hielt es daher für notwendig, daß der Staat einer unterbeschäftigten Wirtschaft einen Anstoß zu neuer Aktivität gibt; nach einem solchen Anstoß sah Keynes einige Chancen, daß die Wirtschaft auch von selber wieder auf die Beine kommen würde. Aufgrund dieser Überlegungen formulierte Keynes, es könne in bestimmten Wirtschaftslagen durchaus sinnvoll sein, einhundert Arbeitslose anzustellen, die einen Graben ausheben, und nochmals einhundert Arbeitslose anzustellen, die denselben Graben wieder zuschütten.

Was soll das nützen? Sehr viel: Zweimal hundert Arbeitslose erhalten ihren Lohn für das Ausheben bzw. das Zuschütten des Grabens. Sie tragen ihren Lohn zum Bäcker und zum Fleischer, zum Schuster und wohl auch ins Wirtshaus. Wenn man dort das Geld sieht, beginnt der Bäcker gleich wieder zu backen und der Fleischer zu wursten und der Schuster zu sohlen und der Wirt zu zapfen. Sie bestellen bei ihren Lieferanten Mehl und Fleisch, Leder und Bier. Die Wirtschaft kommt wieder auf Touren, obwohl vom Graben nichts mehr zu sehen ist. Es ist wie im Märchen von Dorn-

[1] Vgl. S. 20 ff. Der Verfasser hat bei einem Besuch im Cambridge vergeblich nach dem Keynes'schen Graben gesucht. Erkundigungen im King's College ergaben, darüber sei »längst Gras gewachsen«.

Auch ein »Keynes'scher Graben«

röschen, als der Prinz das schlafende Mädchen wachgeküßt hatte und der Betrieb im Schloß wieder voll anläuft.

Die Wirkung eines solchen einmaligen Anstoßes oder von mehrfachen Anstößen der Wirtschaft durch den Einschuß von Geld ist seitdem in vielen theoretischen Details analysiert und an *Multiplikator-Modellen* demonstriert worden. Daraus ist fast eine Wissenschaft für sich und auch noch ein Konjunkturmodell geworden, seitdem Samuelson den Multiplikator mit dem Akzelerator gekoppelt hat[1].

[1] Paul A. Samuelson (*1915). Hauptwerk: Economics, An introductory Analysis (1948); deutsch: Volkswirtschaftslehre (1952; zahlreiche Neuauflagen).

Im weiteren Bereich dieser Studien sind allerdings einige Fragen bisher nicht abschließend beantwortet worden.

1. Frage: Wenn es nur darum geht, daß Geld in die Wirtschaft eingespritzt wird, dann braucht man doch nicht hundert Arbeitslose einen Graben auszuwerfen und hundert Arbeitslose denselben Graben wieder zuschütten zu lassen – der Staat kann ihnen das Geld doch auch als Unterstützung auszahlen. Die klassische Antwort, daß es für die Arbeitsmoral schädlich wäre, wenn in dieser Weise Unterstützung bzw. erhöhte Unterstützung gezahlt würde, ist kaum mehr haltbar, seit Landwirte Prämien dafür erhalten, daß sie ihre Betriebe stillegen oder wenigstens ihre Kühe abschlachten.

2. Frage: Wie ist das Keynes'sche Graben-Problem gemäß dem Kartoffel-Theorem zu formulieren? Das bereitet Schwierigkeiten, denn die Formulierung *Nun brauchen wir keinen Graben, nun heben wir auch einen aus* kann für den ersten Arbeitsgang ebensowenig befriedigen wie die Formulierung *Nun haben wir einen Graben, nun schütten wir ihn auch zu* für den zweiten Arbeitsgang. Damit wird auf eine Problematik hingewiesen, die in herkömmlicher Darstellung etwa so lautet: Durch die Lohnzahlung an die zweimal hundert Arbeiter ist ein Einkommenseffekt der Investition eingetreten; ein Kapazitätseffekt der Investition ist jedoch nicht vorhanden.

John M. Keynes war nicht nur ein glänzender Theoretiker, sondern auch in vielfacher Hinsicht ein sehr praktischer Mann. Das läßt sich von vielen seiner Schüler, den Keynesianern, nicht sagen. Sie haben deshalb die sehr praktische und über den monetären Bereich hinauswirkende Bedeutung des Keynes'schen Grabens nicht erkannt.

Keynes'sche Gräben gibt es überall in der Welt, in Deutschland beispielsweise in Berlin. »Die Zeit« berichtet darüber[1]: »Eins der wichtigsten Merkmale dieses brillanten Stadtentwurfs (von Peter Joseph Lenné für die Luisenstadt in Berlin) ist der ehemalige Luisenstädter Kanal, eine verkürzende Verbindung zwischen Spree und Landwehrkanal zum Zwecke der Ansiedlung von Gewerbe. Das hat allerdings nicht funktioniert, weil die konkurrierende Eisenbahn schon attraktiver war. 1848 in einer ›Arbeitsbeschaffungsmaßnahme‹ ausgehoben, 1926 zwecks Arbeitsbeschaffung zugeschüttet, wird er, sofern sich die Verkehrsplanung nicht wirklich wesentlich ändert, auch aus dem nämlichen Grunde für die Autobahn gänzlich zerstört werden: Der Kanal, seit einem halben Jahrhundert eine Folge von grünen Plätzen und Alleen, hat ›zufällig‹ die passende Richtung, die richtige Autobahnbreite, und obendrein gehört die üppig begrünte Achse der Stadt: wie bequem.«

EINERSEITS ROSA, ANDERERSEITS GRAU

Im zitierten »Zeit«-Stück steht das Stichwort: Arbeitsbeschaffungsmaßnahme. Das Datum, das dafür genannt wird, sind nicht die Dreißiger Jahre unseres Jahrhunderts mit dem Bau der Reichsautobahnen in Deutschland und dem Tennessee Valley Project in den USA – typischen Arbeitsbeschaffungsmaßnahmen. Das Datum ist 1848. Also auch zur Zeit der Paulskirchen-Revolution hat es das schon gegeben?

[1] Stadt in der Krise. Beispiel Berlin-Kreuzberg: Erst einmal wird feste zertrümmert, »Zeit«-Magazin Nr. 43/19. Oktober 1973.

Die Geschichte der Arbeitsbeschaffungsmaßnahmen reicht viel weiter zurück – bis ins Altertum und bis in die Mythologie. Der Bau der ägyptischen Pyramiden, so hat der Einstein-Schüler Mendelssohn jetzt nachgewiesen[1], war eine gigantische Arbeitsbeschaffungsmaßnahme; die Menschen mußten beschäftigt werden, damit sie nicht auf dumme, reichsfeindliche Gedanken kamen. Und im Dunkeln der Mythologie wälzt Sisyphos, ein Bruder des Paradies-Vertriebenen Adam, unermüdlich seinen Stein den unendlichen Berg hinauf: *Nun ist der Stein da, nun wird er auch gewälzt.*

Die Pyramiden waren sozusagen die Vorläufer jener Weißen Elefanten, die heute in den Debatten des englischen Unterhauses, in der Londoner Fleet Street, aber auch überall sonst in der Welt, wenngleich nicht nur unter diesem Namen, immer häufiger auftreten. Biologisch gesehen handelt es sich um Albinos, deren Haut – die Perspektive ist bedeutsam – den einen eher rosig, den anderen doch eher grau erscheint. Ihre Heimat ist Thailand und Birma. Sie stehen dort in hoher Verehrung.

Zwei Denkschulen streiten heute darüber, wie die Weißen Elefanten in die moderne Wirtschaftspraxis der europäisch-amerikanischen Industrieländer vordringen konnten. Amerikanische Theoretiker sind der Auffassung, daß der amerikanische Zirkusbaron P. T. Barnum dafür verantwortlich ist. Er habe ein Vermögen dafür geopfert, einen Weißen Elefanten zu erwerben. Als Schaunummer im Zirkus machte das Tier jedoch keinerlei Eindruck, während Barnum zugleich feststellte, daß es äußerst schwierig ist, einen Weißen Elefanten zu unterhalten und wieder loszuwerden[2].

[1] Kurt Mendelssohn, Das Rätsel der Pyramiden, Bergisch Gladbach 1974.
[2] Nach Encyclopädia Britannica, Elephant, Chicago 1970, S. 274.

Ein kolossaler Arbeitgeber

Hingegen vertritt die romantische Schule der englischen Nationalökonomie die These, daß die Weißen Elefanten in der heute wirtschaftlich relevanten Weise erstmals von einem besonders klugen König von Siam eingesetzt worden sind, der sie jenen Höflingen schenkte, die er schnell ruinieren wollte: Der Höfling und seine Diener mußten den Weißen Elefanten sorgfältig pflegen und füttern, hatten aber keinerlei Nutzen von dem Tier, das – als den Göttern nahestehend – nur zur Verehrung taugte[1].

[1] Nach Brewer's Phrase and Fable, White Elephant; London 1970, S. 369; der Autor zählt sich aufgrund eigener Recherchen in Bangkok zu der zweiten Schule, nicht jedoch allgemein zur romantischen Richtung der englischen Nationalökonomie.

Im Ergebnis sind die beiden Denkschulen sich durchaus einig: Ein Weißer Elefant ist ein Besitzstück, eine Ausgabe oder eine Verantwortlichkeit von kolossalen Ausmaßen, deren Wert zweifelhaft ist und die jeden, der damit belastet wird, zu erdrücken drohen. In neuerer Zeit ist dieses Ergebnis jedoch insofern starker Kritik unterworfen worden, als es heißt, die wichtigste Funktion des Weißen Elefanten sei übersehen worden: Er ist ein kolossaler Arbeitgeber; und nach dem Kartoffel-Theorem gilt: Nun ist der kolossale Arbeitgeber da, nun gibt es auch kolossale Arbeit.

Aufgrund dieser Überlegungen wird die Bedeutung der Weißen Elefanten für die Stabilisierung und Entwicklung der Wirtschaft heute von den meisten Theoretikern sehr hoch eingeschätzt, weil

1. die verfügbare sinnvolle Arbeit in unserem Wirtschaftssystem schneller zurückgeht als der Grundwasserspiegel und weil die Entwicklungsländer Arbeit dringender brauchen als Waffen;

2. der Krieg als klassisches Mittel der Arbeitsbeschaffung immer mehr in Mißkredit gerät, vor allem wegen der Gefahr, daß die Erdkugel dabei in Stücke geht und Arbeitsbeschaffungsprogramme im herkömmlichen Sinne danach nicht mehr viel ausrichten können.

Diese Perspektiven lassen ein näheres Studium der Weißen Elefanten notwendig erscheinen. Ein geeigneter Studienort ist London. Obwohl auch in Deutschland und überall in der Welt die Aufzucht Weißer Elefanten kräftig betrieben wird, sind in Großbritannien von den jeweiligen Gegnern[1] drei Objekte besonders deutlich als Weiße Elefanten

[1] Aus ihrer jeweiligen Perspektive sehen die Gegner derartige Objekte grau in grau und als Zielscheibe der Kritik, die Befürworter als sehr, sehr rosig und als Anlaß zum Applaus.

abgestempelt worden. Sie heißen Maplin, Chunnel und Concorde. Maplin ist ein Flughafen-Projekt bei London. Chunnel ist der konkrete Plan einer Kanaluntertunnelung zwischen Großbritannien und Frankreich. Concorde ist das riesige Überschallflugzeug, das von Großbritannien und Frankreich gemeinsam aufgezogen worden ist. Die Concorde ist als Studienobjekt besonders gut geeignet.

WARUM DIE CONCORDE FLIEGT

Sachverständige haben wiederholt nachgewiesen, daß die Hummel allen aerodynamischen Gesetzen zufolge nicht fliegen kann. Die Hummel weiß das nicht; deshalb fliegt sie. Die Concorde kann nach Auffassung vieler Sachverständiger den ökonomischen Gesetzen zufolge nicht fliegen; aber aufgrund des Kartoffel-Theorems fliegt sie doch.

Es ist unmittelbar einleuchtend, daß die Concorde nicht fliegen kann weil

1. die Einsparung von einigen Stunden Zeit durch die erhöhte Fluggeschwindigkeit nach aller Erfahrung durch eine entsprechende Verlängerung der check-in-Zeit und der check-out-Zeit auf den Flughäfen sowie durch eine Verlängerung der Wege in die Innenstädte kompensiert wird;

2. die zunehmende Ölknappheit ohnehin zu einer Drosselung des Luftverkehrs führen dürfte und neue Flugzeuge mit hohem Treibstoffverbrauch ungelegen kommen.

Es ist jedoch noch einleuchtender, daß die Concorde fliegen muß; denn es gilt zweimal das Kartoffel-Theorem:

1. Nun haben wir die Idee für ein neues Flugzeug, nun wird das Flugzeug auch gebaut.

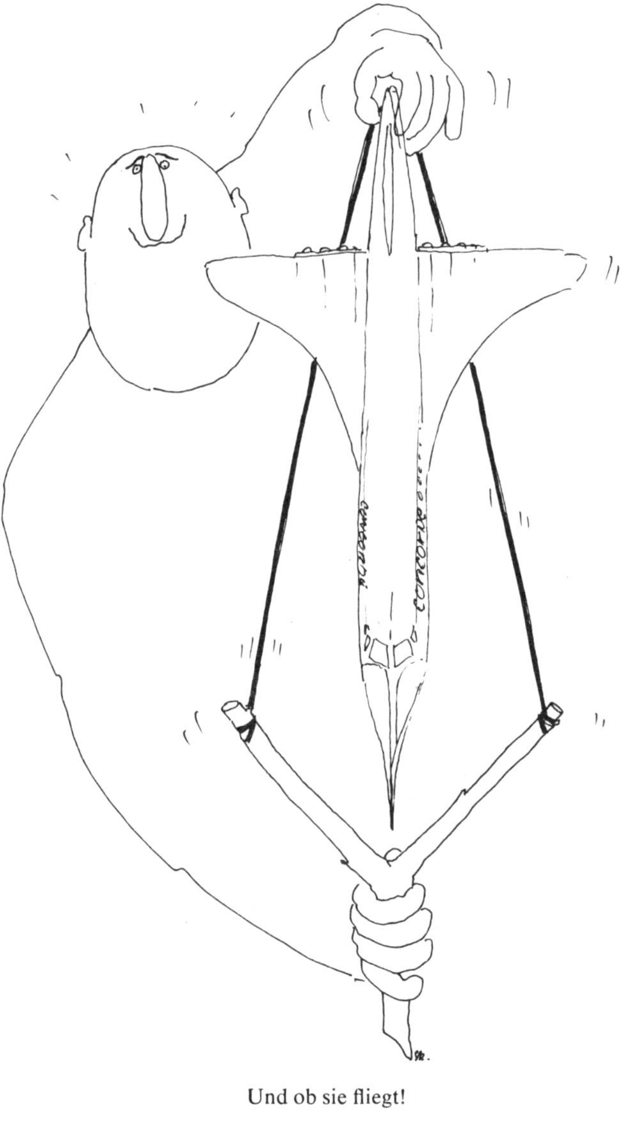

Und ob sie fliegt!

2. Nun haben wir ein neues Flugzeug, nun wird es auch geflogen.

Wenn das auch schon überzeugend ist, so gibt es doch zwei noch wichtigere Gründe dafür, daß die Concorde fliegt. Der erste wurde sehr prägnant im Juni 1973 von einem britischen Politiker formuliert: »Während die Regierung einen wilden Optimismus hinsichtlich der Drosselung der Kosten gezeigt hat, ist die Sache nun so weit gediehen, daß sie auch abgeschlossen werden muß.« Damit erwies er sich als geübter Kartoffelspieler, denn im Klartext hatte er gesagt: Nun haben wir so viel Geld ausgegeben, nun müssen wir auch etwas dafür bekommen – (selbst wenn es noch mehr kostet). Das ist gemäß dem Kartoffel-Theorem einer der wichtigsten Sätze des monetären Bereichs einer modernen Wirtschaft und hat längst den klassischen Satz verdrängt: Man soll kein gutes Geld hinter schlechtem herwerfen.

Die »Financial Times« hat die Kostenentwicklung der Concorde und anderer Großprojekte des wirtschaftlich-technischen Bereichs einer Analyse unterzogen, die für jeden Trainer von Weißen Elefanten wichtig ist. In dem Artikel[1] heißt es:

»Wenn das Concorde-Projekt seiner bisherigen Form treu bleibt, könnte es mit einem Bankrott der britischen und der französischen Wirtschaft enden. Gegenwärtig liegt es sicher auf einem Kurs, der in beunruhigender Weise dem des RB-211-Motors ähnelt, der Rolls-Royce zum Einsturz brachte.«

»Diese Schlußfolgerung mag weithergeholt klingen, aber sie beruht auf einer Methode, die jetzt in Whitehall benutzt

[1] David Fishlock, How to read the warning sign, in: The Financial Times, 6. 11. 1973.

wird, um den Fortschritt bei Projekten der fortschrittlichen Technologie aufzuzeigen. Bei dieser Technik wird an jedem Kontrollpunkt das ausgegebene Geld zu der gegenwärtigen Schätzung der Geldsumme in Beziehung gesetzt, die noch ausgegeben werden soll.«

»Im Fall der Concorde zeigt diese Technik nur zu deutlich, daß nach elf Jahren und 700 Millionen Pfund die ausstehenden Ausgaben (365 Millionen Pfund) real gesehen immer noch höher sind als die ursprüngliche Schätzung für die Gesamtkosten des Projekts. Diese Methode läßt vermuten, daß die Kosten weiterhin unkontrollierbar eskalieren werden.«

»Eine Analogie könnte der Mann sein, der versucht, eine abwärtslaufende Rolltreppe hinaufzulaufen – nur daß, wie die Graphiken zeigen, die Concorde heute etwas weiter von der höchsten Stufe entfernt ist als 1962, als das Projekt begonnen wurde.«

Der zweite und wichtigste Grund dafür, daß die Concorde fliegt, wurde im Sommer 1973 deutlich: Beiderseits des Kanals, in den Concorde-Fabriken in Weybridge, in Filton und in Toulouse, auch bei den Zulieferanten, begannen die Arbeiter teils ängstlich, teils drohend zu murren: Sie fürchteten um ihre Arbeitsplätze, falls die Concorde nicht gebaut würde – und in Großbritannien allein arbeiteten fast 25 000 Arbeiter direkt für die Concorde.

In dieser Situation blieb den beiden Regierungen kaum eine andere Wahl, als die Fließbänder wegen mangelnder Nachfrage nach der Concorde langsamer laufen zu lassen; aber wegen der Erhaltung der Arbeitsplätze für alle gelernten und die meisten angelernten Kräfte wurden die Fließbänder auch nicht abgestellt.

Überall gibt es solche Projekte, bei denen die Kosten explodieren – hier der Bau einer Bundeshauptstadt, dort der Flug zum Mond. Am Beispiel der Concorde – gedrosselte Fließbänder bei unveränderter Zahl von Arbeitsplätzen – ist eine wichtige Entwicklung unseres Wirtschaftsdenkens besonders deutlich abzulesen: Es geht nicht mehr so sehr um Arbeitsbeschaffung als vielmehr um *Arbeitsplatzbeschaffung.* Das klingt wie ein kleiner Unterschied, ist jedoch ein ganz großer Unterschied: Am Ende einer Arbeitsbeschaffungsmaßnahme stehen meistens sichtbare, gelegentlich monumentale Ergebnisse wie die Autobahnen; am Ende einer Arbeitsplatzbeschaffungsmaßnahme wird ein derartiges Ergebnis nicht unbedingt erwartet.

Die moderne Form der Arbeitsplatzbeschaffung ist eine überwiegend amerikanische Erfindung und wird in den USA seit langem als *job creating* betrieben; das klingt eleganter und viel kreativer als Arbeitsplatzbeschaffung. In amerikanischen Zeitungen waren auch früher als in europäischen Zeitungen nebeneinander Berichte folgender Art zu finden: In einem Bericht hieß es, dank intensiver Rationalisierungsbemühungen sei es dem Unternehmen X gelungen, 500 Arbeiter einzusparen. In dem anderen Bericht hieß es, dank intensiver Werbung und vorbereitender Maßnahmen sei es gelungen, in der Stadt Y 500 neue Arbeitsplätze zu schaffen. Und damit war ja wohl wieder alles im Lot: Sisyphos wird nicht arbeitslos.

DIE RECHNUNG OHNE DEN WIRT

Die moderne Industriewirtschaft bringt eine Fülle von Produkten hervor: Elektrische Zahnbürsten und Kuckucksuhren aus Plastik, Farbfernseher, nichtspritzende Schuhcreme und Bestsellerbücher. Ihr wichtigstes Produkt ist das *Sozialprodukt*[1].

Als Bruttosozialprodukt oder als *Volkseinkommen* tritt es sehr häufig in Erscheinung: In wissenschaftlichen Lehrbüchern, in volkswirtschaftlichen Seminaren, in der Fachpresse, in den Tageszeitungen, in der Tagesschau, in den Spätnachrichten, in Diskussionen zwischen Menschen, die sich darunter etwas vorstellen können, sowie in Diskussionen zwischen Menschen, die sich darunter nichts vorstellen können oder sich darunter etwas ganz Falsches vorstellen. Die letzteren sind in der Überzahl. Das liegt weniger an den Menschen als am Sozialprodukt.

Die Häufigkeit seines Auftretens und die Art, wie man über das Sozialprodukt spricht, lassen seine Bedeutung und den Respekt erkennen, den es allenthalben genießt – fast

[1] Vgl. Kenneth E. Boulding, Fun and Games with the Gross National Product – The Role of Misleading Indicators in Social Policy, in: The Environmental Crisis, New Haven and London 1970, S. 157 ff. – Boulding erklärt das Bruttosozialprodukt zu einer großen Erfindung des 20. Jahrhunderts, »wahrscheinlich fast so bedeutsam wie das Automobil«.

wie eine Kreuzung aus Weißem Elefanten und Goldenem Kalb. Und genau das ist es denn auch. Weil es das ist, ist es nicht leicht, den Beweis dafür zu erbringen: Wer hört schon gern und gibt zu, daß er einem solchen Götzen huldigt? Immerhin: Der Versuch einer Sozialproduktsfledderung ist längst fällig; und es gilt das Kartoffel-Theorem: Nun ist das Sozialprodukt da, nun wird es auch enttabuisiert.

In den Wirtschaftswissenschaften unterscheidet man zwischen verschiedenen Formen des Sozialproduktes, die aufeinander aufbauen. Diese Unterschiede sind für die folgende Untersuchung ohne Bedeutung; ihre Darstellung unterstreicht jedoch den wissenschaftlichen Eindruck dieser Untersuchung, und das ist nicht ohne Bedeutung.

1. *Nettosozialprodukt zu Faktorkosten* (Volkseinkommen) umfaßt die Löhne und Gewinne einer Volkswirtschaft in einem Jahr;

2. *Nettosozialprodukt zu Marktpreisen* umfaßt das vorgenannte Nettosozialprodukt zu Faktorkosten zuzüglich indirekter Steuern und abzüglich Subventionen;

3. *Bruttosozialprodukt zu Faktorkosten* umfaßt die Löhne, Gewinne und Abschreibungen;

4. *Bruttosozialprodukt zu Marktpreisen* umfaßt das vorgenannte Bruttosozialprodukt zu Faktorkosten zuzüglich indirekter Steuern und abzüglich Subventionen.

In wirtschaftswissenschaftlicher Schnellschrift wird das Sozialprodukt meistens mit Y bezeichnet, und das Bruttosozialprodukt zu Marktpreisen wird geschrieben:[1]

[1] Wilhelm Krelle, Volkswirtschaftliche Gesamtrechnung, Berlin 2. Auflage 1967, S. 102 ff. – Andere Autoren bevorzugen andere Symbole, was die Verwirrung erhöht, aber an der Sache nichts ändert.

$$Y \frac{B}{M} = L + Q + T_{ind} - Z_{st} + R$$

oder gemäß seiner Zusammensetzung aus Bruttoinvestitionen, Konsum, Exporten und Importen:

$$Y \frac{B}{M} = I + C + E - M$$

Es ist für die folgende Untersuchung ausreichend, das Bruttosozialprodukt aufzufassen als eine volkswirtschaftliche Gesamtleistung, d. h. als »Masse der Güter oder Leistungen, die in einem Zeitraum für die bzw. von den in einer Volkswirtschaft tätigen Menschen bereitgestellt werden«.[1] Der Außenbeitrag (Exporte, Importe und ihre Differenzen) ist eine spezielle Untersuchung wert.

In den meisten Diskussionen, in denen das Sozialprodukt auftritt, geht es darum, daß es gesteigert oder daß es besser verteilt werden müsse oder beides. Das entspricht durchaus der volkswirtschaftlichen Begriffsbildung, die Entstehung, Verteilung und Verwendung des Sozialproduktes unterscheidet.[2] In Berichten und Debatten wird das Sozialprodukt vorzugsweise in einer der beiden folgenden Formen serviert:

– als Zahlensalat, wenn Entstehung und Entwicklung des Sozialproduktes vor einem Publikum behandelt werden, dem man eine solide Halbbildung in wirtschaftlichen Fragen zutraut: Aus der Zahlensalatschüssel steigt die Wachstums-

[1] Ernst Schuster, Sozialprodukt; in: Handwörterbuch der Sozialwissenschaften, Tübingen 1956, S. 573.

[2] Vgl. Graphik S. 82.

SOZIALPRODUKT

Entstehung des Bruttoinlandsprodukts

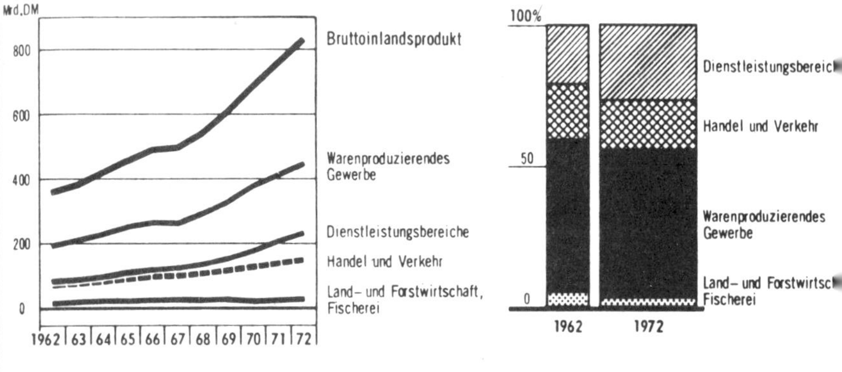

Verteilung des Volkseinkommens

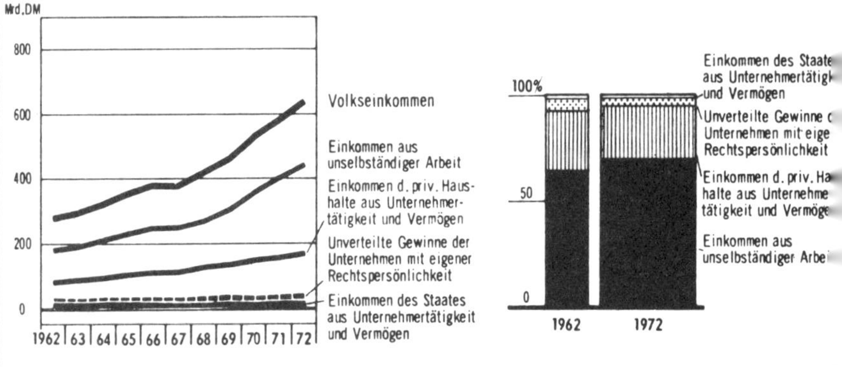

Verwendung des Bruttosozialprodukts

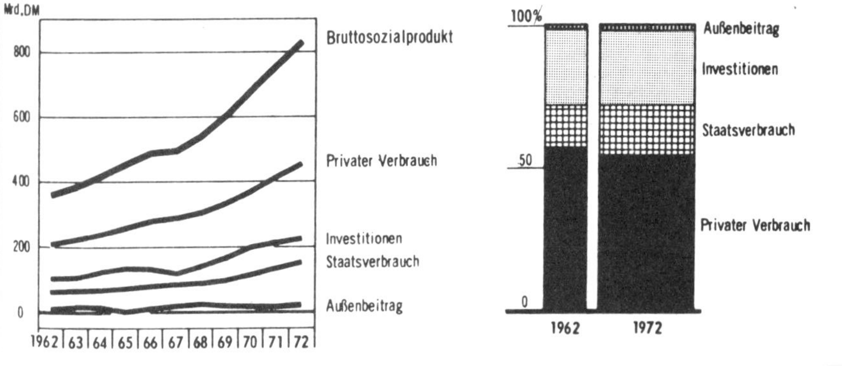

Quelle: Statistisches Bundesamt, Statistisches Jahrbuch 1973, S. 521.

ideologie auf, die den gesunden Menschenverstand umnebelt und auf die sogenannten Produktivkräfte enthemmend wirkt.

– als Sozialkuchen, wenn die Verteilung und Verwendung des Sozialproduktes vor einem Publikum behandelt wird, das über keine oder keine korrekten wirtschaftswissenschaftliche Vorkenntnisse verfügt, aber interessiert und politisierbar ist: Aus der Kuchenschüssel erhebt sich der Schrei nach sozialer Gerechtigkeit, der häufig zu merkwürdigen und ganz unbeabsichtigten Ergebnissen führt.

Beide Phänomene, der Zahlensalat und der Sozialkuchen, bedürfen einer näheren Analyse.

BACKE, BACKE KUCHEN

Im Saal hängen Tabakschwaden und Bierdunst. Vorn steht der Redner und sagt: »Wir alle tragen mit unserer Arbeit zum Sozialprodukt bei. Aber mancher schneidet sich von diesem Kuchen, den wir alle gemeinsam gebacken haben, ein größeres Stück ab, als ihm zusteht. Wir alle wissen: Nun ist der Kuchen da, nun wird er auch verteilt und verwendet. Aber wir wissen auch: Man kann denselben Kuchen nicht zweimal essen. Deshalb muß der Kuchen gerecht verteilt werden! Es geht nicht daß . . . (je nach Geschmack und Stoßrichtung der Rede einsetzen: Der Staat und die Behörden, die Unternehmer, die privaten Haushaltungen, die anderen Länder) sich förmlich in den Kuchen hineinknien und für die anderen Partner, die ebenso ihren Beitrag geleistet haben, zu wenig übriglassen!« (Zustimmende Zwischenrufe).

Dieses Bild vom Kuchen ist völlig falsch und irreführend – so irreführend und unhaltbar wie das ganze Konzept des Sozialproduktes. Das wird schnell deutlich, wenn man sich vergegenwärtigt, wie das Sozialprodukt berechnet wird und was man damit alles anstellen kann.

Auch die Wirtschaftstheoretiker und die Statistiker leisten sich manchmal einen kleinen scherzhaften Hinweis, um zu zeigen, daß sie nicht völlig im Banne des Sozialproduktes stehen: Wenn ein Professor eine Haushälterin hat, so wird das Gehalt, das er ihr zahlt, im Sozialprodukt gezählt. Wenn er sich entschließt, die Haushälterin zu heiraten, so entfällt dieser Posten, und das Sozialprodukt verringert sich – obwohl sie ihm weiterhin das Haus führt und vielleicht noch mehr für ihn tut als zuvor. Daraus folgt, daß eine Regierung, die das Sozialprodukt steigern will, das Heiraten erschweren und die Scheidung erleichtern wird, was unmittelbar zu einer Erhöhung der marktgängigen Dienstleistungen (Essen im Restaurant, Wäschereien, ggf. Massagesalons) führen dürfte und eine unterbeschäftigte Wirtschaft in ähnlicher Weise anstoßen könnte wie der Keynes'sche Graben.

Das ist ein recht harmloser und humaner, aber etwas unsicherer Weg zur Erhöhung des Sozialproduktes. Eine schnelle – und für viele todsichere – Steigerung des Sozialproduktes wird durch Autounfälle erzielt. In der Bundesrepublik wurden 1971 rund 370 000 Straßenverkehrsunfälle registriert, bei denen 18 753 Menschen getötet und 518 059 Menschen verletzt wurden. Die volkswirtschaftlichen Kosten der Verkehrsunfälle in der Bundesrepublik werden auf über 10 Milliarden DM pro Jahr geschätzt[1].

[1] Vgl. Hans Dolliger, Die totale Autogesellschaft, München 1972, S.60.

Diese Kosten setzen sich zusammen aus Gebühren für das Abschleppen der Unfallwagen, Behandlung von Verletzten in Krankenhäusern bzw. Bestattung der Toten, Versicherungsleistungen in Form von Mietwagen und Zahlungen zum Ankauf von neuen Autos sowie einer Vielzahl anderer Posten bis hin zur Überstundenzahlung für den Straßenkehrer, der die Scherben wegfegt. Diese Posten werden im allgemeinen zum Sozialprodukt hinzuaddiert, so daß Massenkarambolagen, beispielsweise beim Versagen sämtlicher Verkehrsampeln, das Sozialprodukt zu neuen Rekorden treiben.

In Ländern, die noch nicht vollmotorisiert sind, sind diese Möglichkeiten natürlich begrenzt. Aber dort gibt es Alternativen, z. B. das Abholzen von Wäldern, das – über die Lohnzahlungen an die Waldarbeiter, den Ankauf von Motorsägen etc. – zu einem rapiden Anwachsen des Sozialproduktes führen kann. Ein Krieg ist ein altbekanntes Mittel zur Steigerung des Sozialproduktes, und manchmal helfen auch Naturkatastrophen, die größere Aufräumungs- und Wiederaufbauarbeiten erfordern.

Eine Volkswirtschaft, in der die Menschen das ganze Jahr über bieneneifrig Raketen, Rauschgift und Rasenmäher produzieren, mag am Jahresende ein sehr beachtliches Sozialprodukt aufweisen – aber es besteht eben aus Raketen, Rauschgift und Rasenmähern, und der Bedarf daran ist für den Einzelnen sehr beschränkt. Auch der wirtschaftswissenschaftliche Laie mag nun fragen: Wo ist eigentlich der Kuchen, von dem die Rede war?

Es gibt keinen Kuchen. Der Kuchen ist beim Backen verzehrt worden. Schlimmer noch: Der Backofen und die Kuchenformen gehen in die Brüche, denn das Bruttosozialprodukt ist ein Bruttokostenprodukt[1]. Es werden menschliche Tätigkeiten registriert und addiert, gleichgültig, ob dabei etwas aufgebaut oder etwas abgebaut wird. Und meistens wird etwas abgebaut – ein Stückchen von unserer Erde und noch ein Stückchen und noch ein Stückchen. Wir machen unsere Sozialproduktsrechnung ohne den Wirt, ohne die Erde, auf der wir leben, ohne die Luft und ohne das Wasser; wirtschaftswissenschaftlich gesagt: Wir rechnen mit Stromgrößen (*flow*), nicht mit Bestandsgrößen (*stock*). Der Wald zählt erst, wenn er abgeholzt wird. Die Ehefrau zählt mehr, wenn sie sich scheiden läßt und als Haushälterin für ihren Mann weiterarbeitet.

Und wo bleibt die Gerechtigkeit bei der Verteilung des Sozialkuchens, wenigstens bei der Verteilung der genießbaren Stücke? Das Zurechnungsproblem – was jedem zusteht, sei es aufgrund seiner Arbeit oder überhaupt aufgrund seiner Existenz – ist bisher nicht so gelöst, daß alle damit zufrieden wären; und das wird wohl auch niemals möglich sein. Wenn eine Umverteilung gewünscht wird, gibt es praktisch zwei Möglichkeiten:

1. Die Verteilung des vorhandenen Sozialkuchens wird so geändert, daß die einen mehr und die anderen entsprechend weniger bekommen als vorher. Solange das Eigentum respektiert werden soll, führt das zu erheblichen praktischen und theoretischen Problemen.
2. Der Sozialkuchen wird vergrößert, indem man ihn wie einen Hefekuchen aufgehen läßt und die neuen Kuchenstükke anders verteilt als die alten Kuchenstücke, so daß die Ei-

[1] So Kenneth E. Boulding, a. a. O., S. 161.

gentumsverhältnisse sich ändern ohne daß das erworbene Eigentum des Einzelnen angetastet würde. Dieser Weg wird von vielen als genial empfunden, geradezu als Quadratur des sozioökonomischen Kreises. Er führt aber geradewegs in die höchst gefährliche Wachstumsproblematik.

IM RAUSCH DER ZAHLEN

Das Sozialprodukt als Zahlensalat ist berauschender als Kartoffelschnaps, wird aber in betont nüchterner, leistungsstarker Atmosphäre von Herren mit randlosen Brillen, blütenweißen Manschetten und Manager-Look etwa so serviert: »Der weit überproportionale Zuwachs der Fertigungsindustrie bei einer Bruttosozialprodukterhöhung von real 4,1 Prozent und nominal 9,3 Prozent in diesem Jahr gegenüber real 4,8 Prozent und nominal 8,9 Prozent im vorigen Jahr dürfte im kommenden Jahr bei einer geschätzten Bruttosozialprodukterhöhung von real 2,5 Prozent und nominal 10,8 Prozent zwar ebenfalls real wie nominal über diesen Ziffern liegen, jedoch ist aufgrund des abgekühlten Investitionsklimas mit nachlassenden Zuwachsraten in der Fertigung zu rechnen, die jedenfalls niedriger liegen werden als die Zuwachsraten der Dienstleistungsindustrie.« (Andachtsvolles Räuspern im Auditorium.)

Auch wer durchaus begreift, daß hier eine Wirtschaft beim problembeladenen, inflationsgeschwängerten Übergang zur Dienstleistungsgesellschaft geschildert wird, zeigt positive Wirkung: Wenn so ein kräftiges Stück Sozialprodukt serviert wird, garniert mit Zuwachsraten, feinen Prozentsätzchen samt Kommastellen, danach Exportquoten und gekühltes Investitionsklima, zum Abschluß Steuerkuchen – das ist immer die Tagungsspesen wert. Das wird so zelebriert wie im Spätherbst 1973 in Japan der Verkauf von Fleisch, als das Fleisch knapp wurde: In Zellophan gehüllt, mit Bändchen, mit Schleifchen und mit einem freundlichen Lächeln.

Sieht man hinter die Schleifchen und die Prozentsätzchen, dann zeigt sich: 1. Die nominale Wachstumsrate des Sozialproduktes enthält – immer mehr als Hauptbestandteil – die Inflationsrate; und das ist wahrlich kein Objekt für frohe Feiern. 2. Die reale Zuwachsrate ist jene dubiose Größe, die sich ebensogut aus Raketen, Rauschgift und Rasenmähern wie aus der erfolgreichen Heilbehandlung von Krebskranken, Gießkannen und Kinderwagen zusammensetzen kann.

Das Sozialprodukt wird entweder insgesamt oder pro Kopf der Bevölkerung vorgerechnet. Die Pro-Kopf-Beträge erscheinen handlich, vorstellbar und sinnvoll, und sie lassen – trotz der Mängel solcher Vergleiche – beispielsweise die ungeheuer weite Kluft zwischen Indien und den USA erkennen. Aber die Zerlegung des zweifelhaften Sozialkuchens in statistisch ausgeschnittene Pro-Kopf-Stücke läßt nichts von der tatsächlichen Verteilung des Sozialproduktes erkennen: In einem Land mit hohem Pro-Kopf-Einkommen kann theoretisch das gesamte Sozialprodukt in der Hand eines einzelnen liegen, während alle anderen betteln gehen.

Die folgende Tabelle zeigt die Entwicklung in Deutschland.

Das deutsche Bruttosozialprodukt[1]

Jahr	in jeweiligen Preisen insgesamt Mrd. RM/DM	in jeweiligen Preisen je Einwohner RM/DM	in konstanten Preisen insgesamt Mrd. RM/DM
	(Bundesgebiet, ohne Saar und Berlin)		
1925	41,6	1 167	35,3
1930	48,8	1 325	41,0
1935	43,2	1 440	44,1
1950	98,1	2 091	143,6
1955	181,4	3 687	224,9
1960	284,7	5 456	309,4
	(Bundesgebiet)		
1960	302,3	5 453	328,4
1965	460,4	7 854	419,5
1970	685,6	11 304	529,4

Das sind eindrucksvolle Zahlenreihen. Aber neue Untersuchungen zeigen auch: Von 1960 bis 1970 wuchs die bundesdeutsche Wirtschaft im Jahresdurchschnitt genau im gleichen Maße wie ihr Energieeinsatz (Primärenergie), nämlich um 4,8 Prozent. Bezeichnen wir den nominalen Zuwachs des Bruttosozialproduktes mit dY^{nom}, die Inflationsrate mit dM und die Steigerungsrate des Energieeinsatzes mit dEr, so können wir für eine Wirtschaft vom Entwicklungsstand der Bundesrepublik schreiben:

$$dY^{nom} = dM + dEr$$

Es ist unmittelbar einleuchtend, daß ein Wachstum 0 eintritt, wenn der Energieeinsatz nicht erhöht wird und zugleich

[1] Quelle: Statistisches Bundesamt, Statistisches Jahrbuch 1973, S. 520.

der Geldwert stabil bleibt. In der Ölkrise 1973/74 entwikkelte sich jedoch ein Trend, der bei einer Verringerung des Energieeinsatzes und steigenden Preisen eine Erhöhung des nominalen Bruttosozialprodukts bei Stagnation des realen Sozialproduktes erwarten ließ. Angesichts solcher Entwicklungen überlegen auch die treuesten Freunde von Sozialkuchen und Zahlensalat, ob sie da nicht einem falschen Götzen gehuldigt haben.

Die zitierte Formel ist bisher in der wissenschaftlichen Literatur zum wirtschaftlichen Wachstum nicht zu finden, obwohl diese Literatur in den letzten Jahrzehnten weit überproportional gewachsen ist. Die Formel beschreibt einen noch relativ günstigen Zustand. In den USA muß der Energieeinsatz heute schon um etwa zwei Prozent erhöht werden, um ein Wachstum des Sozialproduktes um ein Prozent zu erreichen: Das Gesetz vom abnehmenden Grenzertrag der Energie beginnt zu greifen. Dieses Gesetz dürfte auch, wenn die Trends nicht durch die Energiekrise 1973/74 gebrochen worden sind, in den nächsten Jahren in der Bundesrepublik Deutschland aktuell werden.

MEINE KARTOFFEL, DEINE KARTOFFEL

Ein wesentliches Stück des Sozialproduktes, vor allem für hochentwickelte Industrieländer wie die USA, die Bundesrepublik Deutschland und Japan, ist der Außenbeitrag, d. h. die Differenz zwischen Exporten und Importen. Die Bundesrepublik gehört zu den führenden Welthandelsländern, wie die folgenden Übersichten zeigen.

Welt-Ausfuhr 1971/72

20 größte Länder der Ausfuhr (fob)	1971 Mill. Dollar	in %	1972 Mill. Dollar	in %
1. Vereinigte Staaten	44 130	14,2	49 768	13,4
2. BR Deutschland	38 942	12,4	46 695	12,6
3. Japan	24 040	7,6	28 620	7,8
4. Frankreich	20 745	6,6	26 423	7,1
5. Großbritannien	22 333	7,1	24 360	6,6
6. Kanada	18 311	5,8	20 940	5,7
7. Italien	15 116	4,8	18 548	5,0
8. Niederlande	13 918	4,4	16 782	4,5
9. Belg.-Luxemb.	12 728	4,0	16 081	4,3
10. Schweden	7 478	2,4	8 749	2,4
11. Schweiz	5 740	1,8	6 814	1,8
12. Australien	5 214	1,7	6 466	1,7
13. Dänemark	3 688	1,2	4 410	1,2
14. Österreich	3 172	1,0	3 883	1,0
15. Spanien	2 939	0,9	3 791	1,0
16. Hongkong	2 871	0,9	3 477	0,9
17. Norwegen	2 558	0,8	3 275	0,9
18. Venezuela	3 128	1,0	3 200	0,9
19. Brasilien	2 904	0,9	3 100	0,8
20. Finnland	2 357	0,7	2 947	0,8
20 größte Länder	252 312	80,2	298 329	80,4
Welt-Ausfuhr	314 700	100,0	371 000	100,0

Welt-Einfuhr 1971/72

20 größte Länder der Einfuhr (cif)	1971 Mill. Dollar	in %	1972 Mill. Dollar	in %
1. Vereinigte Staaten	48 342	14,6	58 944	15,0
2. BR Deutschland	34 256	10,4	40 192	10,2
3. Großbritannien	23 922	7,2	28 048	7,1
4. Frankreich	21 268	6,4	27 002	6,9
5. Japan	19 727	6,0	23 494	6,0
6. Kanada	16 820	5,2	20 539	5,3
7. Italien	15 980	4,8	19 282	4,9
8. Niederlande	15 383	4,7	17 421	4,4
9. Belg.-Luxemb.	12 900	3,9	15 606	4,1
10. Schweiz	7 219	2,3	8 465	2,3

20 größte Länder der Einfuhr (cif)	1971 Mill. Dollar	in %	1972 Mill. Dollar	in %
11. Schweden	7 082	2,1	8 062	2,1
12. Spanien	4 962	1,5	6 680	1,7
13. Österreich	4 195	1,3	5 216	1,3
14. Australien	5 244	1,6	5 144	1,3
15. Dänemark	4 614	1,4	5 053	1,3
16. Brasilien	3 700	1,1	4 900	1,2
17. Norwegen	4 083	1,2	4 368	1,1
18. Südafrika	4 424	1,3	4 013	1,0
19. Hongkong	3 387	1,0	3 902	0,8
20. Jugoslawien	3 935	1,2	3 228	0,8
20 größte Länder	261 443	79,2	309 559	78,8
Welt-Einfuhr	330 180	100,0	393 000	100,0

Quelle: Lothar Julitz, Der Welthandel wächst kräftig, in: »Frankfurter Allgemeine Zeitung« vom 18. Mai 1973.

Die Welthandelsumsätze waren 1972 um 18 Prozent auf ca. 760 Milliarden Dollar gestiegen.

Allerdings bestand die Hälfte der Steigerung nur aus Preissteigerungen.

Angesichts der Boom-Stimmung in den USA, in Japan und auch in Europa ließen sich für 1973 neue Rekorde absehen.

Allerdings wurden diese Absichten von der Energiekrise sehr gestört.

Die Freiheit des Handels gehört zu den wichtigsten Grundsätzen internationaler Wirtschaftspolitik. Schon Adam Smith hat den Protektionismus scharf bekämpft. Der Protektionismus hat es überlebt. Sonst hätte Bundeskanzler Brandt am 29. November 1973 nicht im Bundestag erklären müssen: »1974 darf nicht das Jahr des Protektionismus werden.«

Der Protektionismus ist deshalb so schwer auszurotten, weil er immer von den anderen betrieben wird. Der Protektionismus, den man selber treibt, heißt Verminderung wirtschaftlicher Abhängigkeit, im Grenzfall: Autarkie. Und Autarkiestreben wurde durch den arabischen Ölboykott im November 1973 sehr populär.

Die Freiheit und die Steigerung des Welthandels sind keine Ziele, sondern Mittel zum Zweck. Hinter der Forderung nach einem freien, umfangreichen Welthandel steht die Vorstellung, daß jedermann sich an Adam Smith hält: Das produzieren, was man am besten produzieren kann, und dann tauschen – Kokusnüsse gegen Kugelschreiber, Öl gegen Ölsardinen, Autos gegen Apfelsinen (Komplementäre Produkte).

Die Wirklichkeit sieht etwas anders aus:

1. Die teuersten Handelsströme verlaufen keineswegs zwischen Rohstoffländern und Industrieländern, sondern zwischen hochentwickelten Industrieländern. Die wichtigsten Handelspartner der Bundesrepublik Deutschland beispielsweise sind (in der Reihenfolge der Abnehmer deutscher Waren): Frankreich, die Niederlande, die USA, Italien, Belgien-Luxemburg und die Schweiz.

2. Der Handel wird nicht nur durch wirtschaftliche Wünsche, sondern in hohem Maße durch politische Prozesse beeinflußt. Die Gründung der Europäischen Wirtschaftsgemeinschaft beispielsweise hat alte Handelsströme umgelenkt und neue Handelsströme ausgelöst. Ersteres gilt als etwas unfein, letzteres als höchst erstrebenswert.

3. Der Handel hat keineswegs dazu geführt, daß der Lebensstandard (nach orthodoxen Kriterien gemessen) in den

unterentwickelten Ländern sich dem Standard der höherentwickelten Länder angeglichen hätte – die Kluft hat sich eher verbreitert.

Handel in der einfachsten Form ist Tauschhandel komplementärer Produkte (Öl gegen Ölsardinen) oder substitutiver Produkte (Öl gegen Fett): Gibst Du mir Deine Kartoffel, dann gebe ich Dir meine Kartoffel. Warum wird Kartoffel gegen Kartoffel verhandelt? Die Erläuterung, der Tausch sei durch Unterschiede im Geschmack motiviert, die eine Kartoffel eigne sich eher zum Braten, die andere besser zum Kochen, ist eine nachträgliche Rationalisierung eines emotionalen Vorgangs. Tatsächlich ist der Handel eine Form zwischenmenschlicher Kommunikationen, bei der die Waren nur Trägerfunktionen erfüllen – wie Telegraphenmasten für Telefongespräche.

Diese eigentliche Bedeutung des Handels wird an zwei einfachen Beispielen des Alltags deutlich.

1. Fall oder *die dynamische Kartoffel:* Ein Händler des Landes A verkauft einem Geschäftsfreund im Lande B einen Zentner Kartoffeln und verschifft sie nach B. Der Geschäftsfreund verkauft und verschifft die Kartoffeln in das Land C. Von dort werden sie in das Land A verkauft und verschifft. Jeder Händler handelt nach dem Kartoffel-Theorem: Nun sind die Kartoffeln da, nun müssen sie auch verschifft werden[1].

[1] Die erste praktische Einsicht in die Kartoffelverschickungsdynamik hat der Autor in den Jahren 1951/53 gewonnen, als er in Südwales bei der Kartoffelernte eingesetzt war, mit den Kartoffeln im LKW durch die Nacht nach London fuhr und später beobachtete, daß ein Teil dieser nach London verschickten Kartoffeln vom Handel wieder in die Geschäfte nach Südwales geliefert wurde. – Vgl. Rolf Breitenstein, England Heute, Wien, Düsseldorf 1970, S. 17.

2. Fall oder *die stationäre Kartoffel:* Ein Händler des Landes A verkauft einem Geschäftsfreund im Lande B einen Zentner Kartoffeln, läßt die Ware aber im Land A auf Lager. Der Geschäftsfreund verkauft die Kartoffeln in das Land C. Von dort werden sie in das Land A verkauft, wo sie ohnehin schon liegen. Jeder Händler handelt nach dem (modernisierten) Kartoffel-Theorem: Nun sind die Kartoffeln da, nun müssen sie auch verkauft werden.

Nur wer überhaupt kein Verständnis für die moderne Wirtschaftsordnung hat, wird diese beiden Fälle für sinnlos oder – viel schlimmer – für unrealistisch halten.

Wer die grundlegende Bedeutung des Kartoffel-Theorems verstanden hat, sieht die weltwirtschaftliche Analogie zum Keynes'schen Graben und zu den Weißen Elefanten: Durch den Aufbau von Handelsketten werden in beiden Fällen zahlreiche Menschen beschäftigt und wesentliche Beiträge zur Erhöhung des Sozialproduktes geleistet. Im Fall der dynamischen Kartoffel werden Kaufleute, Eisenbahnwaggons, Sackträger, Gabelstapler, Lokomotiven, Schiffe, Lokomotivführer, Kapitäne, Versicherungsagenten, Zollbeamte, Bankangestellte, Säcke, Bindfaden, Formulare und Formulardrucker benötigt. Im Fall der stationären Kartoffel ist die multiplikative Wirkung nicht so stark, jedoch kommt im Wirtschaftsleben auch dem Handel mit Gütern, die sich gar nicht von der Stelle bewegen, große Bedeutung zu; der Immobilienhandel beweist es.

Als Ergebnis der bisherigen Überlegungen und angesichts neuer Erfahrungen im internationalen Handel (Ölkrise) ist festzuhalten:

1. der Austausch von komplementären Produkten (Beispiel: Öl gegen Ölsardinen) ist für beide Handelspartner vorteilhaft, weil jeder das Produkt anbietet, das er kostengünstiger herstellt. Derartige Handelsbeziehungen sind jedoch wegen der »schiefen Abhängigkeit« gefährlich: Die Araber kommen gut ohne Ölsardinen aus, die Portugiesen aber nicht ohne Öl.

2. Die Tendenz geht vom Handel mit komplementären Produkten zum Handel mit substitutiven Produkten: Gibst Du mir Deine Kartoffel, dann gebe ich Dir meine Kartoffel. Dabei ist der Abhängigkeitseffekt geringer als beim Handel mit Komplementärgütern, und es gilt entsprechend dem Fortschrittsglauben: Die komplizierte Kartoffel verdrängt die einfache Kartoffel.

3. Der internationale Handel mit beiden Arten von Produkten ist außerordentlich bedeutsam, weil damit nicht nur Geschmacksnerven und Motore angeheizt werden (Importe nach Europa von Curry und Erdöl), sondern auch ein wesentlicher Beitrag zu Vollbeschäftigung und Sozialprodukterhöhungen geleistet wird (betriebswirtschaftlich: Flucht in den Export).

Export und Import sind nicht nur für die Vollbeschäftigung und die Steigerung des Sozialproduktes wichtig, sondern haben auch erhebliche psychologische Bedeutung. Importgüter haben im allgemeinen einen hohen Prestigewert; in Deutschland beispielsweise englische Anzugstoffe, französisches Parfüm, holländische Tulpen, Schweizer Käse und italienische Schuhe. Der Importfaktor verstärkt das Kartoffel-Theorem. Gilt schon allgemein *Nun sind die Schuhe da, nun werden sie auch angezogen,* so gilt speziell: *Nun sind die*

Schuhe (aus Italien bis hierher und gegen gute deutsche Devisen) *eingeführt, nun werden sie auch getragen.*

Die psychologische Bedeutung des Außenhandels wird auch unmittelbar deutlich an der Wertschätzung, der sich Exportgüter, die als solche kenntlich sind, im eigenen Land erfreuen, obwohl sie gar nicht exportiert werden. Das gilt für Export-Modelle von Kraftwagen, für Export-Zigaretten und vor allem für Export-Bier; letzteres wird in deutschen Gaststätten so häufig ausgeschenkt, daß die Kellner am Ausschank stets nur bestellen: Zwei Ex, drei Ex, noch fünf Ex.

Die dominierende Bedeutung des Handels als Kommunikationsmittel wird auch an der ganzen Skala von Emotionen und Strategien deutlich, die zwischen Handelsfreundschaft und Handelskrieg abgespult werden. Im Handel können Kampagnen eingeleitet, Kämpfe ausgetragen und allgemein Aggressionen abreagiert werden, die sonst in den Beziehungen zwischen zivilisierten, hochentwickelten Industriestaaten keine rechte Ansatzfläche mehr haben. Das erklärt ein scheinbar paradoxes, aus der Zeit des Merkantilismus zurückgebliebenes Phänomen, das seit etwa zwanzig Jahren im Handel vor allem führender Industriestaaten zu beobachten war: Jedes Land wollte exportieren, niemand wollte importieren.

– Die USA beschwerten sich bitter bei der Europäischen Gemeinschaft, daß die Europäer zu wenig amerikanische Waren importierten, vor allem zu wenige Agrarprodukte;

– Die Japaner eröffneten eine weltweite Exportoffensive und zogen alle Register der Werbung, um die Menschheit preisgünstig mit Fotoapparaten, Motorrädern und Fernsehgeräten auszustatten;

– Die Australier und die Neuseeländer beschworen die Engländer und die Europäer allgemein, ihnen auch nach dem Beitritt Großbritanniens zur EWG billige Butter und billiges Lammfleisch abzunehmen;

– Die Bundesrepublik Deutschland platzte mit ihren Exporten aus allen Nähten, obwohl sie immer wieder versuchte, ihre Potenz durch Aufwertungen der D-Mark zu beschneiden.

Die hinterhältige Ironie hoher Außenhandelsüberschüsse wurde im November 1973 in der Bundesrepublik deutlich. Während Bundeskanzler Brandt am 28. November vor ausländischen Journalisten pessimistische Register zog und ein »Wachstum Null« ankündigte, inspirierten die Berechnungen der Deutschen Bundesbank am gleichen Tag »Die Welt« zu der Schlagzeile: »Von der Außenhandelsfront kommen von Monat zu Monat neue Rekordmeldungen.« Im Oktober waren es vier Milliarden DM Überschuß. Auch »Die Welt«-Redakteure fanden das eher peinlich und überschrieben ihren Kommentar: Exportüberschuß – »völlig verrückt«.

DIE KRÄNZE DES WACHSTUMS

Die Wachstumstheorie ist noch ziemlich jung; aber sie ist unheimlich schnell gewachsen: Die Bücher und Modelle, Seminare und Dissertationen zur Wachstumstheorie sind nicht mehr zu übersehen. Das Kartoffel-Theorem hat wieder seine Gültigkeit bewiesen: Nun ist die Wachstumstheorie da, nun wächst sie auch.

Adam Smith, David Ricardo[1] und Karl Marx[2] haben selber keine mathematisch schlüssigen Wachstumsmodelle aufgebaut. Das haben spätere Theoretiker mit Hilfe hinterlassener Baustoffe für sie nachgeholt. Smith hat ein langfristiges Wachstum der Wirtschaft vorausgesehen, Ricardo eine Stagnation und Marx den Zusammenbruch des kapitalistischen Systems.

Dann kam John M. Keynes und lenkte die Aufmerksamkeit von den langfristigen Entwicklungsproblemen auf kurzfristige, konjunkturelle Probleme. Erst nach dem Zweiten Weltkrieg wuchs die Begeisterung für die Wachstumstheorie wieder an – und zu ungeahnten Höhen. Die Neoklassiker lösten sich mit ihrer Problemstellung bewußt von den Key-

[1] David Ricardo (1772–1823), englischer Nationalökonom.
[2] Karl Marx (1818–1883), deutscher Nationalökonom, Hauptwerk: Das Kapital.

nesianern: »Während die Harrod-Domar-Theorie durch die Berücksichtigung des Akzelerator- und Multiplikatorprinzips das kurz- bis mittelfristige Wachstumsverhalten zu beschreiben versucht, will die neoklassische Wachstumstheorie das mittel- und langfristige Wachstum von Volkswirtschaften erklären. Dabei wird die Nachfrageseite vernachlässigt und lediglich die Angebotsseite betrachtet[1].«

Die Begeisterung für die Wachstumstheorie entfaltete sich besonders in den USA. Das ist nicht verwunderlich. Die USA sind im gleichen Jahr gegründet worden, in dem Adam Smith seine »Untersuchungen über das Wesen und die Natur des Volkswohlstandes« veröffentlichte. Die Lehren von Adam Smith und seines Landsmannes Charles Darwin[2] sind in den USA auf sehr fruchtbaren Boden gefallen und haben zwei spezifisch amerikanische Beiträge zur industriellen Entwicklung hervorgebracht: Die Massenproduktion genormter, austauschbarer Einzelstücke – wie in Smiths Stecknadelfabrik; und die linear-fortschreitende Montage am Fließband – fast wie in Darwins Evolutionstheorie.

Die Waffenfabrikanten Eli Whitney und Samuel Colt gelten in den USA als Erfinder genormter Großserien. Um die Jahrhundertwende feierte die Normung einen spektakulären Erfolg: Henry Ford stellte sein »Modell T« vor. Und beim Zusammenbau dieses Modells holte er eine Winde herbei, befestigte ein Drahtseil am Fahrgestell und zog es langsam

[1] W. Krelle/G. Gabisch, Wachtumstheorie, Berlin · Heidelberg · New York 1972, S. 44. Mit dem letzten Satz wird die Einsicht in das Kartoffel-Theorem wie bei Adam Smith abgesperrt.

[2] Charles Darwin (1809–1882), englischer Naturforscher, Hauptwerk »Die Entstehung der Arten durch natürliche Zuchtwahl«; Wirkung auf die USA vor allem durch Herbert Spencer (1820–1903) als Sozial-Darwinismus.

durch die Halle, während die Arbeiter rechts und links die Räder und Einzelteile montierten. Die Amerikaner jubelten: Nicht nur, weil die Autos jetzt billig (450 Dollar) wurden und weil sich aus zwei alten Autos immer noch ein fahrbares zusammenbasteln ließ; vor allem, weil gleichzeitig die technische Norm als Entsprechung des demokratischen Gleichheitsgrundsatzes und am Fließband jener herrlich unerbittliche Fortschritt sichtbar wurden, der bis dahin ein starker, aber unsichtbarer calvinistischer Glaubensgrundsatz gewesen war. Jetzt konnte jeder sehen, wie Auto um Auto, eines nicht vom anderen zu unterscheiden, mit jedem Ruck des Bandes perfekter wurde.

Zu diesem technisch fundierten, historisch damals noch gänzlich unerschütterten Fortschrittsglauben paßte nahtlos als Überbau eine Wachstumstheorie, wie sie in Großbritannien und in den USA in den zwei Jahrzehnten nach dem Zweiten Weltkrieg entwickelt wurde: Kontrolliertes, kontinuierliches, von konjunkturellen Ausschlägen kaum verzerrtes Wachstum ohne Ende. In der Ära Johnson, ehe die Amerikaner das vietnamesische Menetekel begriffen, galt diese Vorstellung vom wirtschaftlichen Wachstum als sichere Leitplanke für die Praxis, und den Wachstumstheoretikern wurden Lorbeerkränze geflochten.

MODELLE UND IHRE BLÖSSEN

Alles, was die Amerikaner sich ausdenken, findet irgendwann auch den Weg nach Europa: Coca-Cola und Jeans, Goldbarren aus Fort Knox, Präsident Nixon und die Love Story. So kam auch die vollautomatisierte, formelhafte

Wachstumstheorie aus den USA nach Europa, und den Studenten wurden in den wirtschaftswissenschaftlichen Seminaren ganz prächtige Modelle vorstellt. Etwa so:

$$w_{Y,t} = e_{Y(A)} \cdot w_{A,t} + e_{Y(K)} \cdot w_{K,t} + w_{x,t}$$ [1]

Diese Grundgleichung der neoklassischen Wachstumstheorie sagt nur aus, daß die Wachstumsrate des Sozialproduktes durch die Produktionselastizitäten, durch die Wachstumsraten der Produktionsfaktoren und den technischen Fortschritt bestimmt wird. Die eigentlichen Wachstumsmodelle sind wesentlich komplexer, mit Bruchstrichen, Matrizen und einem Gewirr von Ziffern und Buchstaben.

Mit diesen Wachstumsmodellen ist es wie mit den Modellen der Haute Couture in Paris: Sie scheinen faszinierende Einsichten zu eröffnen, während tatsächlich nur viele Blößen bedeckt und einige Unvollkommenheiten retuschiert werden.

Auch in den wirtschaftswissenschaftlichen Seminaren deutscher Universitäten gilt das Kartoffel-Theorem: Nun haben wir die Wachstumsmodelle, nun wird auch Einsicht genommen. So wurden dann bis in die Oberseminare solche Einsichten repetiert: 1. Der Harrod-neutrale technische Fortschritt ist definiert als jener Fortschritt, der bei konstantem Zinssatz z den Kapitalkoeffizienten k konstant läßt (Zusatzfrage: Wie wirkt der Harrod-neutrale Fortschritt? Antwort: Er wirkt quasi-arbeitsvermehrend). 2. Das Ergebnis der neoklassischen Wachstumstheorie ist die Existenz eines optima-

[1] nach W. Krelle/G. Gabisch, a. a. O., S. 48. Einige Symbole sind im Interesse der Druckerleichterung anders geschrieben, was nur einigen Fachleuten auffallen wird.

len Wachstumspfades in dem Sinn, daß der Konsum auf diesem Pfad größer ist als auf jedem anderen, und zwar für alle Zeiten[1].

Es galt als unfein, auf die Blößen der Modelle hinzuweisen. Aber das macht doch Spaß. Man kann jedes Modell mit zweifacher Kritik angehen: Mit Kritik der logischen Konsistenz und mit Kritik der Prämissen. Die logische Konsistenz der Wachstumsmodelle ist im allgemeinen brillant. Mit den Prämissen sieht es anders aus. So nennt beispielsweise W. Krelle[2] unter den Prämissen für ein einfaches neoklassisches Wachstumsmodell:

1. Eine stetige und differenzierbare Produktionsfunktion, d. h. die Produktionsfaktoren sind substituierbar und beliebig teilbar. Da muß man doch fragen: Stimmt denn das? Sind Arbeit, Kapital und technisches Wissen, jedes für sich schon schwer faßbare Größen, in unserer heutigen Wirtschaft mit allen ihren Starrheiten tatsächlich beliebig teilbar und gegeneinander austauschbar? Die ehrliche Antwort: Nein.

2. Vollkommene Konkurrenz. Gibt es das wirklich? Nein.

3. Eine geschlossene Volkswirtschaft ohne staatliche Aktivität, also ohne Steuern, Staatsausgaben und Transferzahlungen, ohne Exporte, Importe und Zahlungsbilanzprobleme – wo gibt es das wohl noch?

4. Ständige Vollbeschäftigung von Arbeit und Kapital, und alle produzierten Güter werden abgesetzt, d. h. es gilt »im Grunde das Say'sche Theorem einer Naturalwirtschaft, wonach jede Produktion sich ihren eigenen Absatz schafft«.

[1] W. Krelle/G. Gabisch, a. a. O., S. 74.
[2] W. Krelle/G. Gabisch, a. a. O., S. 46–47.

Das ist einfach zu schön, um wahr zu sein, und was würde jeder Wirtschaftsminister dafür geben, wenn er das erreichen könnte: Alle haben Arbeit, alle Maschinen laufen, und was produziert wird, wird abgesetzt. Da möchte man doch fragen: Warum dann noch eine Wachstumstheorie?

Das sind keineswegs alle Prämissen dieses einfachen Modells. Aber die Besichtigung dieser Blößen hat sicherlich schon das Gefühl so geschärft, daß es jetzt leichter wird, die Wachstumsmodelle in ihrer phantastischen Schwerelosigkeit zu bewundern, wie sie in Regionen des *bliss* (ewige Glückseligkeit) und des *golden age* (goldenes Zeitalter) hinaufschweben.

PRÄSIDENT NIXON HAT ZWEIFEL

Man sollte diese Modelle nicht auf ihre Blößen abklopfen. Es sind Kunstwerke. Man sollte sie bewundern wie abstrakte Gemälde oder wie Mobiles der *kinetic art,* mit denen sie viel gemeinsam haben. Ein wenig beklemmend ist nur, daß

1. viele Leute meinen, diesen Modellen komme praktische Bedeutung zu und man könne die wirtschaftliche Zukunft entsprechend programmieren;

2. zwischen der Entdeckung neuer wissenschaftlicher Weisheiten in den USA und ihrer Rezeption in Westeuropa ein infamer *time lag* (von meistens mehreren Jahren) liegt, so daß in den USA oft schon der Unsinn der neuen Weisheit deutlich ist, wenn man in Westeuropa gerade an ihren Sinn zu glauben beginnt.

»Unser Volksvermögen wird in den nächsten zehn Jahren

um 50 Prozent zunehmen«, hatte US-Präsident Richard M. Nixon in seiner »Botschaft zur Lage der Nation« 1970 erklärt. »Die grundlegende Frage ist: Bedeutet dies, daß wir in einem realen Sinn um 50 Prozent reicher, um 50 Prozent besser gestellt und um 50 Prozent glücklicher sein werden?«

Präsident Nixon ist in den USA nie zur intellektuellen Avantgarde gerechnet worden, die überkommene Werte in Frage stellt. Wenn er in dieser Form Zweifel am ganzen Konzept von Sozialprodukt und Wachstum äußerte, dann mußten sich damals schon diese Zweifel tief in die Basis der Gesellschaft eingefressen haben. So war es auch. Immer mehr Amerikaner erkannten, daß die Errungenschaften der modernen Wirtschaft, die immer so stolz zum Sozialprodukt addiert worden waren, auch eine Last und vermutlich eher eine Last als ein Gewinn waren.

Nixon fragte weiter: »Oder bedeutet es, daß der Präsident, der im Jahr 1980 hier an dieser Stelle stehen wird, auf ein Jahrzehnt zurückblicken muß, in dem 70 Prozent unserer Bevölkerung in städtischen Ballungsräumen lebten – im Verkehr steckengeblieben und erstickt im Smog, vergiftet durch Wasser, taub geworden im Lärm und terrorisiert durch Verbrechen?«

In Westeuropa erschienen solche Fragen im Jahre 1970 den meisten Nationalökonomen kaum als dringlich, eher als unfein, unwissenschaftlich und defaitistisch. Die Wirtschaftspraktiker beruhigten sich und andere: Die Technik hat Probleme aufgeworfen, die Technik wird diese Probleme auch wieder lösen, bzw. gemäß dem Kartoffel-Theorem: Nun sind die Probleme da, nun werden sie auch gelöst. Die Wirtschaftspolitiker vertrauten – je nach Parteibuch – auf Problemlösungen durch den Preismechanismus oder durch den Staat oder durch beide. Und die Wirtschaftsprofessoren bastelten weiterhin Wachstumsmodelle.

Zwei Jahre später kam ein ganz neues Modell auf den Markt. Es beschrieb nicht das Wachstum, sondern: »Die Grenzen des Wachstums[1].« Das Buch wurde zum Bestseller in einem Dutzend Sprachen. Es stand viel Autorität dahinter: Der *Club of Rome* als Zusammenschluß von etwa 70 Wissenschaftlern verschiedener Disziplinen; ein wissenschaftliches Team des berühmten Massachusetts Institute of Technology (MIT); Professor Jay W. Forrester mit einem neuen »Weltmodell« aus dem Computer; und die Volkswagen-Stiftung als Geldgeber.

Die Wissenschaftler haben ihren Computern einige verständliche Größen eingefüttert: Bevölkerung, industrielle Produktion, Nahrungsmittel, Umweltverschmutzung, Rohstoffe. Und der Computer wirft erwartungsgemäß Ergebnisse von alternativer Scheußlichkeit aus: Das System bricht zusammen, weil Energie und Rohstoffe ausgehen. Nimmt man an, Energie und Rohstoffe seien unbegrenzt, dann geht das System an der Umweltverschmutzung zugrunde. Wird eine Kontrolle der Umweltverschmutzung unterstellt, dann gehen den Menschen die Nahrungsmittel aus.

Viele gestandene Wachstumstheoretiker haben es abgelehnt, dieses Modell ernst zu nehmen. Sie haben vor allem zwei Einwände gemacht:

1. Das Modell ist mechanistisch aufgebaut und läßt keinen Spielraum für menschlichen Erfindungsgeist, der schon

[1] Dennis Meadows, Die Grenzen des Wachstums, Stuttgart 1972.

Club of Rome?

mit vielen Problemen fertiggeworden ist. Dieser Einwand ist unzutreffend. In dem Bericht des Club of Rome heißt es: »Es erscheint möglich, die Wachstumstendenzen zu ändern und einen ökologischen und wirtschaftlichen Gleichgewichtszustand herbeizuführen, der auch in weiterer Zukunft aufrechterhalten werden kann[1].«

[1] Dennis Meadows, a. a. O., S. 17.

2. Das Modell ist wissenschaftlich nicht in Ordnung, weil die erwünschten Ergebnisse in die Prämissen hineingelegt wurden. Dieser Einwand ist zutreffend. Aber es ist unter Wissenschaftlern durchaus üblich, die Voraussetzungen (hier: wachsende Bevölkerung, zunehmende Umweltverschmutzung, Begrenztheit der Rohstoffe und der Nahrungsmittel) so zu wählen, daß die Ergebnisse (hier: Tendenz zum Zusammenbruch des Systems) herauskommen, die man sich vorgestellt hatte.

Man hätte auch sagen können: Wenn die Rohstoffe nur in begrenzter Menge vorhanden sind und immer schneller verbraucht werden, dann sind eines Tages keine Rohstoffe mehr da; oder: Wenn auf einer gleichbleibenden Erdoberfläche immer mehr Menschen wohnen, dann wird es immer enger; oder: Wenn die Luft und das Wasser immer schmutziger werden, dann kann man eines Tages die Luft nicht mehr atmen und das Wasser nicht mehr trinken.

Aber so einfach gesagt – wer glaubt das schon? Als Ergebnis einer gewaltigen Computerrechnung gewinnt derselbe Tatbestand eine gewisse Glaubwürdigkeit.

Es läßt sich noch einfacher sagen: Wir verbrauchen die Rohstoffe, die Luft und das Wasser. Die ganze Erdkugel wird durch den Wolf gedreht. Es gilt selbstverständlich das Kartoffel-Theorem: *Nun ist die Erde da, nun wird sie auch verbraucht.* Wir verbrauchen nicht nur die Erde. Wir verbrauchen uns selber. Der redliche Volksmund hat das in mancherlei Redewendungen zum Alltag der Industriewirtschaft schon formuliert: Das schafft mich; das macht mich fix und fertig.

NULLTARIF FÜR WACHSTUMSPROPHETEN

Das Duell der Modelle, ökonomisches Wachstum gegen ökologisches Gleichgewicht, wurde auch in Westeuropa hart geführt. Aber die meisten deutschen Wirtschaftswissenschaftler waren sich schnell einig: Das Meadows-Modell war unwissenschaftlich und nicht ernstzunehmen. Politiker und Praktiker schlossen sich dieser These gern an, denn: Wachstum ist eine wirtschaftspolitische Pflicht; es darf nicht aufhören, also kann es nicht aufhören. Professor, Politiker und Praktiker hielten es mit Palmström:

»Nur ein Traum war das Erlebnis.
Weil«, so schließt er messerscharf,
»nicht sein kann, was nicht sein darf.«

Dabei hätte man es gern belassen. Man hätte weiter Wachstumsmodelle entworfen, Wachstumsfreude gepredigt und Wirtschaftswachstum praktiziert – wenn nicht im November 1973 etwas passiert wäre, was die meisten Wirtschaftsdenker nicht bedacht hatten: Die Araber drehten am Ölhahn. Die morgenländische Aktion löste im Abendland eine Energiekrise aus: Schwere Sorgen in Westeuropa, Panik in Japan.

In Japan waren für das Fiskaljahr 1973 knapp 11 Prozent reales Wachstum des Sozialproduktes vorausgesagt worden. Ende November wurde die Prognose auf 6 Prozent reduziert. Als das Ausmaß der Energiekrise klarer wurde, stürzten die Aktien, der Finanzminister und die Prognosen. Man stellte fest: Wenn die Öleinfuhr um 30 Prozent gekürzt würde, würde auch die Industrieproduktion um 30 Prozent sinken; das bedeutete Wachstum Null oder Schrumpfung des Sozialproduktes.

In Großbritannien sah der Präsident des Industrieverbandes CBI, Sir Michael Clapham, das Land am Abgrund, von Wachstum keine Spur mehr – und man müsse sich aufs Überleben konzentrieren. Premierminister Heath, zudem im Clinch mit Bergarbeitern und Lokomotivführern, erfand die Drei-Tage-Woche. Die Produktion ging rapide zurück. In kerzenerleuchteten Geschäften nahmen die Ladendiebstähle zu. Ein Streikkomitee der Lokführer konnte nicht weiterberaten, weil das Licht ausging. Der alte Wohlstandsspeck der Briten war dünn geworden, die Krise ging den Menschen an die Nerven. Die Anregung des Energieministers, man solle sich die Zähne im Dunkeln putzen, löste eine heftige Debatte unter den Lesern der »Times« aus. Ein Leser regte an, die Regierung solle dafür Leuchtzahncreme ausgeben.

In der Bundesrepublik empfahl Bundeskanzler Brandt der Wirtschaft, sich für 1974 auf ein Wachstum um Null einzurichten. Die Regierung verhängte einige autolose Sonntage, rief jedermann zur Solidarität und versprach, jeder solle, wenn schon nicht seinen Arbeitsplatz, so doch wenigstens einen Arbeitsplatz behalten. Und in der Bundestagsdebatte am 29. November über die Energiekrise sagte Brandt, um Bundeswirtschaftsminister Friderichs gegen den Vorwurf der Schönfärberei in Schutz zu nehmen, auf Zwischenrufe der Opposition ein großes Wort: Die Wahrheit habe sich in den letzten vier Wochen von Tag zu Tag verändert.

Die Luft war raus aus dem Wachstumsdenken. Die Wachstumspropheten waren auf Nulltarif gesetzt. Man flocht den Wachstumstheoretikern keine Lorbeerkränze mehr, eher Grabkränze für ihre Theorien.

Die »Frankfurter Allgemeine Zeitung« sagte es am 30. November in einem Kommentar zur Bundestagsdebatte einfach und hart: »In der Bundesrepublik dürfte es nun eine Zeitlang aus sein mit dem permanenten Wirtschaftswachstum, an das man sich als Quelle des Wohlstandes und auch als Konfliktlöser im Kampf um die Einkommensverteilung schon ganz selbstverständlich gewöhnt hatte . . . Die Bürger sind gut beraten, sich auf eine unerfreuliche Kombination einzustellen: auf ein Null-Wachstum – wenn nicht gar einen Rückgang des Sozialproduktes – und gleichzeitig auf einen anhaltenden Preisauftrieb.«

MORGENGABE FÜRS FEIERABENDLAND?

Es war erstaunlich, wie gefaßt die Menschen den Grabgesang auf das Wirtschaftswachstum anhörten. Jahrelang hatte jede Zuckung des unbegriffenen Wesens Sozialprodukt in den Zeitungen Schlagzeilen gemacht. Führende Nationalökonomen hatten Glaubenskämpfe ausgefochten, wenn ihre Wachstumsprognosen hinter dem Komma differierten.

Mancher Bürger betrachtete die Krise fast mit Erleichterung. Man hatte es doch immer gewußt: So konnte es nicht weitergehen. Die Bäume wachsen nicht in den Himmel. Die Wirtschaft konnte nicht immer weiterwachsen. Der Tag der Wahrheit mußte kommen. Nun ist er da – und wir leben noch. Es gibt sogar wieder Benzin fürs Auto. Und ein bißchen Askese macht den vielen Konsum erst schön.

Allerdings: Die arabischen Aktionen waren nicht das Jüngste Gericht über die abendländische Wohlstands- und Wachstumsgesellschaft. Das war eher das letzte Läuten im Welttheater vor Beginn des längst vorbereiteten Stücks: *Das*

Öl geht aus. Präsident Nixon hatte schon im Sommer 1973 einen Ölalarm ausgelöst. Die Ölproduzenten und die Ölgesellschaften hatten mehrere Programmzettel vorgelegt: In einigen Jahrzehnten ist das Öl alle, wenn der Verbrauch wie bisher steigt.

Wer Energie hat, hat Macht. Wenn die Energie ausgeht, bleiben die mächtigsten Kolosse auf der Strecke wie die deutschen Panzer zu Kriegsende bei der Ardennenoffensive, als der Sprit ausging. Auch im zivilen Leben gilt heute: Größerer Wohlstand bedeutet einen größeren Verbrauch von Energie[1]; denn: *Nun ist die Energie da, nun wird sie auch verbraucht.*

Heute verbrauchen ein Drittel der Erdbevölkerung fast 90 Prozent der Energie. Selbst eine Vervielfachung des Energieverbrauchs und eine stärkere Erhöhung dieses Verbrauchs in den armen Ländern kann die Kluft bis zum Jahr 2000 nicht überbrücken.

1966	*Reiche*	%	*Arme*	%	*Welt*	%
Bevölkerung (in Mill.)	1060	31	2284	69	3384	100
Energieverbrauch = t Kohle (in Mill.)	4788	87	721	13	5509	100
Energieverbrauch = t Kohle (pro Kopf)	45,2		0,32		1,65	

2000	*Reiche*	%	*Arme*	%	*Welt*	%
Bevölkerung (in Mill.)	1617	23	5292	77	6909	100
Energieverbrauch = t Kohle (in Mill.)	15588	67	7568	33	23156	100
Energieverbrauch = t Kohle (pro Kopf)	9,64		1,43		3,35	

[1] E. F. Schumacher, small ist beautiful, London 1973, hier S. 21: More prosperity means a greater use of fuel. Die folgenden Tabellen nach S. 21/22.

In der Bundesrepublik Deutschland verdoppelt sich der Verbrauch elektrischer Energie alle zehn Jahre. Das gilt als Naturgesetz. So erklärte Ministerialdirigent Dillinger vom Ministerium für Landwirtschaft, Weinbau und Forsten in Rheinland-Pfalz für die Länderarbeitsgemeinschaft Wasser in einem Bundestags-Hearing im Frühjahr 1971: »In der Bundesrepublik sind zur Zeit etwas mehr als 50 000 MW elektrische Leistung installiert. Da die jährliche Steigerungsquote des Strombedarfs 7 bis 8 Prozent beträgt, werden zwischen 1970 und 1980 weitere 50 000 MW und zwischen 1980 und 1990 nochmals knapp 100 000 MW installiert werden müssen, so daß bis Anfang der neunziger Jahre knapp 200 000 MW elektrische Leistung in der Bundesrepublik installiert sein werden. Das sind die Zahlen, von denen wir in der Verwaltung ausgehen.«

»Da in der Bundesrepublik keine nutzbaren Wasserkräfte mehr zur Verfügung stehen, ist der gesamte Zuwachs des Strombedarfs aus Wärmekraftwerken zu decken. Dabei wird vor allem der nuklear-thermischen Stromerzeugung eine immer bedeutendere Rolle zufallen. Es wird angenommen, daß 1980 bereits 30 Prozent und 1990 mehr als 50 Prozent des Stromes in Kernkraftwerken erzeugt werden.«

Bei solchen Rechnungen wurde manchem etwas mulmig. Es ist wie auf der Geisterbahn: Die Fahrkarte ist gelöst. Der Zug rollt. Man hat es so gewollt – aber es könnte doch ein böses Ende nehmen. Kann man aussteigen, Feierabend machen? Das läßt der Stolz nicht zu. Aber nun kamen die Araber mit der Preisschraube. Der große westliche Wirtschaftsapparat lief langsamer. War das nicht eigentlich ganz angenehm, ein eigenartiger Glücksumstand?

Daran dachte wohl Bundeskanzler Brandt, als er von der Chance sprach, die in der Energiekrise liegen könne. Oder mußte die Chance mit einem Wachstum Null zu teuer bezahlt werden?

Wer sich umhört, merkt schnell: Die Leute glauben nicht mehr an Sozialprodukt und Wachstum – wenn sie je daran geglaubt haben. Sie suchen neue Maßstäbe und neue Zielvorstellungen. Die Maßstäbe und die Zielvorstellungen sind da: Statt Bruttosozialprodukt – Soziale Indikatoren; statt Wachstum – Gleichgewicht.

Es ist nicht leicht, den tatsächlichen Lebensstandard der Menschen hinsichtlich Gesundheit und Ernährung, Erziehung und Arbeitsbedingungen, Verbrauch und Ersparnissen, Verkehr, Wohnung, Kleidung, Erholung, sozialer Sicherheit und menschlicher Freiheit mit Indikatoren zu messen, die sinnvolle Ergebnisse bringen[1]. Gesundheit ist sicher wichtiger als ein umfangreiches Bruttosozialprodukt – aber wie mißt man Gesundheit? Als Lebenserwartung? Als Erwartung einer bestimmten Zahl von krankheitsfreien Jahren? Als Zahl von Ärzten oder von Krankenhausbetten pro 10 000 Einwohner? Das zeigt an einem Beispiel die Problematik der neuen Indikatoren. Wenn viele Ärzte und viele Krankenbetten zur Verfügung stehen – zeigt das eine besonders gute Gesundheitsfürsorge oder eine überdurchschnittliche Labilität der Bevölkerung? Sind Ärzte und Krankenbetten für jedermann zugänglich? Für andere Sachgebiete gibt es ähnliche Probleme. Das verlangsamt die Arbeit der Sachverständigen. Sie möchten nicht die unbrauchbare

[1] In Bonn ist das Bundesministerium für Arbeit und Sozialordnung zuständig, das die Broschüre »Gesellschaftliche Daten 1973« herausgebracht hat.

Meßzahl Sozialprodukt durch eine Fülle von zweifelhaften Meßzahlen ersetzen.

Dieses Zögern ehrt die Wissenschaftler. Es ist aber für die Praxis von Nachteil. Wer sich unter den Nachbarn umhört, erfährt rasch, wie sehr sich die Menschen mit Gesundheit, mit Erziehung, mit persönlicher Sicherheit beschäftigen – nicht mit abstrakten Meßziffern wie dem Bruttosozialprodukt. Das wissenschaftliche Aufbrechen des Bruttosozialproduktes ist eine Hilfe für die Nachbarn, denen wieder verständlich wird, was die Wirtschaft für sie leisten kann und leistet.

Es geht um mehr: Mit dem Aufbau eines Bündels neuer Wegweiser wird offen eingestanden, daß das Wertgefüge der heutigen Gesellschaft wesentlich komplexer ist als es die ewigen Durchschnittsrechner wahrhaben wollen. Wir brechen mit der einfältigen quantitativen Meßlatte und lassen sichtbar zu, daß der eine sich mehr für die Entwicklung der Renten, der andere sich mehr für das Angebot an Studienplätzen interessiert – wie es der Alltagspraxis entspricht. Und das alles ist keineswegs eine theoretische Übung in Humanismus, sondern ein Schritt von praktischer Bedeutung: Erst wenn Theorie und Praxis der Wirtschaft von den eindimensionalen, rein quantitativen Meßziffern freikommen, deren Vergötzung zum überzüchteten Wachstumsdenken geführt hat, werden wir der Probleme Herr werden können, die uns heute umlagern.

Charles A. Reich hat vor einigen Jahren in einem vielbeachteten Buch[1] den Amerikanern empfohlen, jene Maschi-

[1] Charles A. Reich, The Greening of America; deutsch: Die Welt wird jung, Wien 1971.

nen, die die Umwelt vergiften und unsere Erde zu Schrott verarbeiten, nicht frontal anzugehen, sondern ihnen die Kabel abzuschneiden, durch die ihre Energie läuft – dann könne Amerika wieder grün werden. Im November 1973 haben das die Araber für die Maschinen des Abendlandes wenigstens teilweise besorgt: Das Öl floß dünner. Die Maschinen liefen langsamer.

Wird Europa wieder grün?

DAS PICCADILLY-PARADOXON

Als Adam Smith 1776 seine »Untersuchungen über das Wesen und die Natur des Volkswohlstandes« veröffentlichte, lebten auf der Erde schätzungsweise 800 Millionen Menschen. Während 1974 »Das Kartoffel-Theorem« erscheint, sind es annähernd vier Milliarden Menschen. Innerhalb von 200 Jahren hat sich die Bevölkerung der Erde verfünffacht.

Diese Zahlen werden häufig zitiert und wirken immer noch erschreckend. Die Voraussagen sind noch furchterregender: Im Jahr 1980 etwa 4,5 Milliarden Menschen und im Jahr 2000 etwa 6,5 Milliarden. Angesichts dieser Globalziffern wird häufig übersehen, daß das Bevölkerungswachstum in führenden Industriestaaten wie den USA und Großbritannien sich verlangsamt hat und schon fast zum Stillstand gekommen ist. In der Bundesrepublik Deutschland ist sogar bereits eine Schrumpfung eingetreten: 1972 wurde zum erstenmal ein Geburtendefizit registriert, als 29 000 Menschen weniger geboren wurden als in diesem Jahr gestorben sind.

Damit eröffnen sich für Wirtschaft und Gesellschaft ganz neue Perspektiven. Ein wirtschaftliches Wachstum zur Versorgung einer wachsenden Bevölkerung ist nicht mehr notwendig. Die Alternativstellung heißt: Fortgesetztes Wirtschaftswachstum, um eine stationäre, d. h. zahlenmäßig etwa gleichbleibende Bevölkerung mit wesentlich mehr materiellen Gütern zu versorgen als bisher oder Wirtschaftswachstum um Null mit etwa gleichbleibender materieller Versorgung der Bevölkerung bei Schonung von Umwelt und Rohstoffreserven.

Schon ehe in der Bundesrepublik 1972 das erste Geburtendefizit registriert wurde, war die Zahl der Lebendgeburten kontinuierlich zurückgegangen: Von einem Höhepunkt von 18,3 auf 1000 Einwohner im Jahr 1963 auf 12,7 im Jahr 1971. Die Entwicklung in der DDR verlief ähnlich: Auch dort wurde 1963 mit 17,6 Lebendgeburten auf 1000 Einwohner ein Höhepunkt der Bevölkerungswelle erreicht, und 1971 war die Zahl der Lebendgeborenen auf 13,8 zurückgegangen.

Aus anderen Industriestaaten werden parallele Trends gemeldet. Großbritannien erreichte 1964 mit 18,5 Lebendgeborenen auf 1000 Einwohner einen Kulminationspunkt. Die USA zählten 1954 und dann nochmals 1957 je 25 Lebendgeborene auf 1000 Einwohner. Seither sind in beiden Ländern die Geburtenziffern ständig gesunken.

ABKEHR VOM JUGEND-STIL?

In den USA hat die »Zero-Growth«-Bewegung, die vor einigen Jahren noch als verdächtige Sekte angesehen wurde, immer mehr Sympathisanten gefunden. Das Ziel dieser »Wachstum-Null«-Bewegung: Stabilisierung der US-Bevölkerung bei etwa 200 Millionen Menschen.

Das ist für die USA viel mehr als eine quantitative Korrektur. Das ist ein tiefgehender Bruch mit der ganzen Philosophie des *American Way of Life.*

Die Amerikaner haben eigentlich niemals in einer stationären Agrargesellschaft gelebt. Das Land war groß, und schon alles, was die frühen Siedler taten, war auf Zuwachs angelegt. Die amerikanische Gesellschaft hat kaum den Ballast von Traditionen kennengelernt, der zugleich stört und stabilisiert: Die Amerikaner sind mit fliegendem Start in die industrielle Phase ihrer Entwicklung gegangen. Im schnellen Wachstum der Bevölkerung durch Geburtenüberschüsse und Einwanderung – fast neun Millionen Einwanderer allein zwischen 1900 und 1910 – und in der Eroberung des weiten Landes von Osten nach Westen, vom Atlantik zum Pazifik, entfaltete sich ein spezifisch amerikanischer Fortschrittsglaube, wie er später an den Fließbändern der Automobilfabriken für jedermann sichtbar wurde: Der Glaube, daß die Menschen und die Dinge sich stetig weiterentwickeln – immer größer, immer schneller, immer besser. Auf diesem Axiom beruhten nicht nur die feingesponnenen Wachstumsmodelle amerikanischer Theoretiker, sondern darauf beruht der amerikanische Jugend-Stil, der die Kinder glorifiziert, weil die neue Generation doch sicherlich weiter entwickelt und damit auch als moralisch höherstehend anzusehen ist.

Das ist der Hintergrund, vor dem eine bewußte Stabilisierung der Bevölkerung in den USA – etwa auf ihrem gegenwärtigen Stand – einen ebenso schweren Schock für die Basis des *American Way of Life* bedeuten muß wie der vietnamesische Krieg.

In Europa sollte uns der Übergang zum »Wachstum Null«

und die Abkehr vom Jugend-Stil nicht so schwer fallen. In Europa haben wir jahrhundertelang als stationäre Bevölkerung gelebt. Grenzenloses Wachstum gehört nicht zum *European Way of Life*. Es ist sicherlich kein Zufall, daß europäische Gesellschaftstheoretiker – von Thomas Morus über Campanella, Francis Bacon, Adam Smith und David Ricardo bis Karl Marx – eigentlich immer als ideale Utopie eine stationäre Gesellschaft im Blick hatten.

Der amerikanische Gesellschaftstheoretiker David Riesman[1] hat die drei Phasen der Bevölkerungsentwicklung – Zunahme, Höhepunkt und Abnahme parallel zur Industrialisierung – als Gerüst seiner Theorien genommen. Er unterstellte, daß jeder der drei Bevölkerungsstufen ein spezieller gesellschaftlicher Charakter entspreche: Der stationären Bevölkerung der Agrarwirtschaft eine »traditions-geleitete« Gesellschaft; der Bevölkerungswelle der Industrialisierung eine »innen-geleitete« Gesellschaft; der sich stabilisierenden Bevölkerung der Spätphase der Industrialisierung eine »außen-geleitete« Gesellschaft, deren Mitglieder sich ständig wie mit Radar-Antennen an den anderen Angehörigen dieser Gesellschaft und ihrem Verhalten orientieren, nicht mehr an festen Traditionen wie in der Agrargesellschaft oder an verinnerlichten Werten wie in der frühindustriellen Gesellschaft. Diese Analysen sind heute hochaktuell. Sie unterstellen eine gewisse Zwangsläufigkeit der Bevölkerungsentwicklung. Die Prognosen für die Bundesrepublik Deutschland scheinen diese Zwangsläufigkeit zu bestätigen. Wenn Wanderungsgewinne (Gastarbeiter) außer acht gelassen werden,

[1] David Riesman, The Lonely Crowd; deutsch: Die einsame Masse, Hamburg 1958.

dürfte die Bevölkerung der Bundesrepublik von 61,5 Millionen im Jahr 1972 auf 57 bis 59 Millionen im Jahr 2000 zusammenschmelzen[1].

Ist das eine Gefahr oder ist eine stationäre, vielleicht sogar leicht schrumpfende Bevölkerung in der Bundesrepublik und in anderen führenden Industriestaaten wünschenswert? In Großbritannien hat ein »Population Panel« genau diese Frage in den Mittelpunkt einer Untersuchung gestellt und im März 1973 in einem ausführlichen Bericht an das Parlament die Antwort zumindest umrissen[2]. Die Experten erklärten freimütig, sie könnten nicht sagen, wie man einen optimalen Umfang der britischen Bevölkerung bestimmen sollte. Aber dann sagten sie ebenso deutlich: »Unsere Analyse führte uns nichtsdestoweniger zu der Schlußfolgerung, daß Großbritannien in Zukunft mit einer stationären Bevölkerung besser dastehen würde als mit einer wachsenden Bevölkerung.« Weiter heißt es: »In der Schlußfolgerung, daß eine stationäre Bevölkerung vorteilhafter wäre als eine wachsende Bevölkerung, sind wir stark von den längerfristigen Aussichten für das Bevölkerungswachstum in Großbritannien beeinflußt worden. Wir haben gemeint, daß 64 Millionen zu Anfang des nächsten Jahrhunderts verglichen mit 54 Millionen 1971 wahrscheinlich die beste Arbeitshypothese für die Politik sind. Während es nicht außergewöhnlich schwierig sein sollte, die in Aussicht genommenen zehn Millionen oder so aufzunehmen, wäre es leichter, eine große Zahl politischer Probleme anzugehen, wenn die Zunahme der Bevölkerung

[1] Vgl. Voraussichtliche Bevölkerungsentwicklung bis 1985, in Wirtschaft und Statistik, Heft 2/1973 und Heft 6/1973.

[2] Report of the Population Panel, Cmnd. 5258.

eher langsamer als schneller wäre. Wir haben keine durchschlagenden Argumente zugunsten eines fortgesetzten Bevölkerungszuwachses gefunden.«

Der letzte Satz bricht endgültig mit der vor- und frühindustriellen These, daß eine möglichst starke Zunahme der Bevölkerung die beste Garantie für die wirtschaftliche Zukunft sei: Für den einzelnen, dessen Kinder die Versorgung der Eltern im Alter übernehmen; für den Staat, dem Arbeiter und Konsumenten nachwachsen – von den Soldaten ganz zu schweigen.

Wenn damit – zumindest hypothetisch – festgestellt ist, daß die Bevölkerung sich bei fortschreitender Industrialisierung stabilisiert und daß eine solche Stabilisierung wünschenswert ist, so drängen sich zwei Fragen auf:

1. Wie kann verhindert werden, daß die Tendenz umschlägt und in den Industriestaaten ein neues Wachstum der Bevölkerung einsetzt?

2. Wie kommt es, daß trotz einer Stabilisierung der Bevölkerung in führenden Industriestaaten wie den USA oder der Bundesrepublik ein immer stärkeres Gedränge von Menschen entsteht?

Von einer Untersuchung beider Fragen sind wichtige Anregungen und Aufschlüsse für Wirtschaft und Gesellschaft zu erwarten.

MEHR LICHT, WENIGER KINDER

Es ist unbestritten, daß die Kinderzahl einer Gesellschaft desto stärker sinkt je stärker der Lebensstandard dieser Gesellschaft steigt. Nach einer Faustregel liegt die Reichtumsgrenze bei 1000 Dollar Jahreseinkommen pro Kopf der Gesellschaft: Wenn mehr verdient wird, ist der Lebensstandard hoch; wenn weniger verdient wird, ist die Kinderzahl hoch. Zur Spitzengruppe mit einem Durchschnittseinkommen von über 2000 Dollar und stagnierender Bevölkerung zählen u. a. die USA und die Bundesrepublik Deutschland. Am Schluß stehen Länder wie Indonesien, Indien, Afghanistan, Äthiopien und Sudan mit weniger als 100 Dollar Durchschnittseinkommen und großer Kinderzahl.

Die Dollarrechnungen verdeutlichen den Zusammenhang zwischen Lebensstandard und Kinderzahl, aber sie erklären ihn nicht. Zur Erklärung werden vor allem herangezogen: Geburtenregelung durch Pille oder Legalisierung der Schwangerschaftsunterbrechung; wenigstens ebenso stark fallen die Anforderungen der Industriegesellschaft ins Gewicht: Männer im Streß und Frauen in der Berufsarbeit sind kaum als kinderreiche Eltern vorstellbar.

Vor allem aber ist die Stabilisierung einer Bevölkerung die unmittelbare Folge der Erleuchtung dieser Bevölkerung: Je mehr Licht, desto weniger Babys. Diese Erfahrung haben alle großen Industriestaaten in ihrer Entwicklung gemacht. Nur eine antiquierte, unverständliche Schamhaftigkeit der Wirtschaftswissenschaften gegenüber den Realitäten des Lebens hat bisher verhindert, daß diese Erfahrungen zu einem Gesetz formuliert wurden.

Unter der Prämisse, daß in der Gesellschaft das sexuelle Verhalten noch so weit tabuisiert ist, daß tatsächlich folgenreiche Intimitäten in der Dunkelheit stattfinden bzw. nicht stattfinden, wenn die Dunkelheit nicht oder nicht in ausreichendem Maße vorhanden ist, gilt: *Die Entwicklung des*

Elektrizitätsverbrauchs ist der Entwicklung der Bevölkerung umgekehrt proportional, d. h. ein Mehrverbrauch an Elektrizität führt zu einer entsprechenden Verringerung der Bevölkerung.

Dieser Zusammenhang ist in jahrzehntelangen Untersuchungen in den führenden Industriestaaten der Welt erkannt worden, wird jedoch hier erstmals als Gesetz formuliert und veröffentlicht.

In New York ist der Zusammenhang zwischen Dunkelheit

Mehr Licht, weniger Kinder

und Bevölkerungswachstum besonders deutlich geworden. Am 9. November 1965 fiel in New York plötzlich der elektrische Strom aus. Die ganze Stadt versank in Dunkelheit und Angst. 800 000 Menschen saßen in Untergrundbahnen und Fahrstühlen gefangen. Das Fernsehen erlosch. Die technisierte Kommunikation riß ab. Acht Millionen Menschen überlegten, was nun noch zu tun sei. Und neun Monate später wurden mehr Babys geboren als je zuvor.

Sehr bedeutsam ist die Tatsache, daß das Fernsehen ausfiel. Beobachtungen in unterentwickelten Ländern, in denen das Fernsehen neu eingeführt wurde, haben immer wieder ergeben, daß die Geburtenrate schlagartig zurückging – neun Monate nachdem die Fernsehgeräte aufgestellt worden waren. Man machte sich ein paar schöne Stunden – jetzt vor dem Fernsehschirm. Die Möglichkeiten zur Geburtenregelung durch Fernsehgeräte sind bisher noch kaum erkannt und noch längst nicht in ausreichendem Maße genutzt worden.

Obwohl die Zusammenhänge von Stromausfällen und Bevölkerungswachstum noch nicht restlos geklärt sind, sind sich vorausschauende Wissenschaftler dieser Zusammenhänge ständig bewußt. So hat Professor Adriano Buzzati Traverso im Dezember 1973 in der Mailänder Zeitung »Corriere della Sera« eine unmißverständliche Warnung ausgesprochen: Wenn die Regierung aufgrund der Energiekrise die Restaurants und Kinos früher schließe, den Sonntagsverkehr auf den Straßen verbiete und eventuell sogar durch Stromausfälle das Fernsehen blockiere, dann sei nahezu sicher, daß von September 1974 an weit mehr Kinder als üblich geboren würden. Und das, so fügte der Professor hinzu, wäre ein Unglück, unter dem das übervölkerte Italien noch jahrzehntelang zu leiden hätte.

Diese Langzeitwirkung einer Energiekrise ist bisher weder von den Wirtschaftswissenschaftlern noch von den Politikern ausreichend beobachtet und bedacht worden.

BILLARD UM FÜNF VOR ZWÖLF

Es erscheint merkwürdig, daß auch und gerade in den Staaten, in denen die Bevölkerung sich mit fortschreitender Industrialisierung stabilisiert, das Gedränge der Menschen immer größer wird. Ortega y Gasset[1] hatte das Phänomen schon 1931 deutlich geschildert: »Die Städte sind überfüllt mit Menschen, die Häuser mit Mietern, die Hotels mit Gästen, die Züge mit Reisenden, die Cafés mit Besuchern; es gibt zu viele Passanten auf der Straße, zu viele Patienten in den Wartezimmern berühmter Ärzte; Theater und Kinos, wenn sie nicht ganz unzeitgemäß sind, wimmeln von Zuschauern, die Badeorte von Sommerfrischlern. Was früher kein Problem war, ist es jetzt unausgesetzt: einen Platz zu finden.«

Das alles ist dem Aristokraten Ortega y Gasset so unbehaglich, daß er einen einfachen, aber wichtigen Tatbestand unerwähnt läßt: Es handelt sich immer um dieselben Menschen. Man hat eine Wohnung, vielleicht auch eine Zweitwohnung, man fährt täglich mit dem Auto und häufig mit dem Zug, fliegt mit dem Flugzeug, sitzt im Kino oder beim Arzt, wimmelt im Badeort herum, nimmt anderen den Platz weg und findet trotzdem selber keinen Platz.

[1] Jose Ortega y Gasset, Der Aufstand der Massen; zitiert nach rowohlts deutscher enzyklopädie, Hamburg 1956, S. 7.

Die Bewegung der Menschen hat sich seit der Zeit des Adam Smith vervielfacht. Für Smith war seine Reise nach Frankreich ein ebenso einmaliges Ereignis wie für seinen Zeitgenossen Johann Wolfgang Goethe seine Reise nach Italien. Heute sind Reisen nach Frankreich, Italien und viel weiter für jedermann eine Selbstverständlichkeit. Dazu kommen die langen Strecken, die zwischen Wohnung und Arbeitsstätte, beim Einkauf und beim Besuch von Freunden zurückgelegt werden – früher war alles gleich nebenan.

Das findet in den herkömmlichen Angaben über Bevölkerungsdichte keinen Ausdruck. Ein einfaches Beispiel: In der Bundesrepublik Deutschland leben heute durchschnittlich etwa 250 Menschen auf einem Quadratkilometer. Wenn alle 250 Menschen ruhig auf ihren Plätzen bleiben, gibt es keine Zusammenstöße, kaum ein Gefühl der Beengung, keinen Streß. Wenn hingegen nur 50 Menschen auf diesem Quadratkilometer leben, jeder in sein Auto steigt und mit hoher Geschwindigkeit mobil wird, dann entsteht Streß, ein Gefühl der Beengung, und Zusammenstöße sind mit großer Wahrscheinlichkeit zu erwarten. Experimente mit Ratten haben gezeigt, daß auch bei ausreichender Nahrung der Tod ganzer Populationen durch Streß eintritt, wenn man zu dicht zusammenhockt. Was bei den Ratten festgestellt wurde, trifft vermutlich auch für Menschen zu.

Die Bedeutung der Mobilität im Vergleich zur Masse wird an jedem Billardtisch sofort deutlich: Mit hinreichendem Geschick quirlen die Menschen heute durcheinander – Billard kurz vor der Massenkarambolage.

Die statischen Dichteziffern der herkömmlichen Statistik haben dafür keine sinnvolle Aussagekraft. Die Bevölkerungsdichte ist keine statische Größe, die in Menschen pro Quadratkilometer gemessen werden kann. Es handelt sich vielmehr um eine dynamische Größe, welche die Zahl der Menschen pro Quadratkilometer und ihre Mobilität berücksichtigen muß.

Schon die Einführung einer Hilfsgröße zeigt, welche neuen Perspektiven sich damit ergeben: Die Bevölkerungsdichte in der Bundesrepublik ist von 1950 bis 1970 von 201 auf 247 Menschen pro Quadratkilometer gestiegen; aber die Zahl der beförderten Personen (Hilfsgröße für Mobilität) hat sich im gleichen Zeitraum verdreifacht.

Mobilmachung der deutschen Bevölkerung

Jahr	Bevölkerung in Mill.	Bevölkerung je km²	Beförderte Personen in Mill.
1950	50,0	201	8 265
1952	50,9	205	10 099
1954	51,9	209	12 380
1956	53,0	213	15 099
1958	54,3	218	15 610
1960	55,4	223	18 083[1]
1961	56,2	226	18 618
1962	56,9	229	19 155
1963	57,6	232	19 565
1964	58,3	235	20 265
1965	59,0	238	21 038
1966	59,6	240	22 122
1967	59,9	241	22 340
1968	60,2	242	22 342
1969	60,8	245	23 299
1970	60,7[2]	244	25 035
1971	61,3	247	26 647
1972	61,7	249	27 945

[1] ab 1960 einschließlich Saarland und Berlin-West.

[2] Ergebnis der Volkszählung 1970.

Quelle: Statistisches Jahrbuch für die Bundesrepublik Deutschland 1973, Wiesbaden 1973, S. 34; Verkehr in Zahlen, Berlin, S. C 124.

Zur Messung der tatsächlichen Bevölkerungsdichte, besonders im Hinblick auf Streßsituationen, dient viel besser die *dynamische Dichte* dd *(dynamic density),* die in der angelsächsischen Literatur schon seit längerer Zeit eingeführt ist. Die dynamische Dichte dd als Funktion der Zeit, ist – analog zur Energie in der Physik – definiert als Produkt Menschenmasse m (herkömmliche Dichteziffer) und Geschwindigkeit g der Massenmenschen im Quadrat:

$$dd_t = m \cdot g^2$$

Ein Beispiel: Auf einem Quadratkilometer werden 100 Menschen festgestellt. Nehmen wir an, daß jeder dieser Menschen durchschnittlich am Tag 38 km zurücklegt, so erhalten wir

$$dd_t = 100 \cdot 38^2 = 144\,400$$

Wenn im gleichen Gebiet vor 200 Jahren 50 Menschen wohnten, von denen jeder durchschnittlich am Tag 4 km zurücklegte, so ergab sich

$$dd_t = 50 \cdot 4^2 = 800$$

Der Vergleich zeigt, daß die Bevölkerungsdichte sich nicht von 50 auf 100 verdoppelt hat, wie es die herkömmliche Statistik ausweist. Die Bevölkerungsdichte hat sich von 800 auf 144 400 eher verzweihundertfacht.

MIT TRANSPORTABLEN WURZELN

Der amerikanische Wirtschaftsschriftsteller und Gesellschaftskritiker Vance Packard ist bei seinen Untersuchungen über die Mobilität der Amerikaner[1] auf den Streß der dynamisierten Bevölkerungsdichte gestoßen, wenn er schreibt, daß »Millionen von Amerikanern ihre Mitmenschen heute im allgemeinen nicht als Verbündete, sondern als etwas Lästiges sehen. Wir leben so eng aufeinander, und die uns trennenden Mauern sind so dünn, daß andere Menschen unsere ›Intimsphäre‹ verletzen, die Autostraßen verstopfen und uns daran hindern, rechtzeitig zur Arbeit zu kommen. Sie schnappen uns unseren Parkplatz vor der Nase weg, und an unserem Wochenendhäuschen am See lassen sie ihre 100-PS-Boote mit Vollgas vorüberdonnern[2]«. Kurzum, die Menschen im allgemeinen werden als Probleme angesehen, mit denen man fertig zu werden hat.

Packard, dessen eigene Familie in alle Himmelsrichtungen zerstreut ist, hat festgestellt:

– mindestens 40 Millionen Amerikaner führen heute ein Leben nahezu ohne Wurzeln;

– der Durchschnittsamerikaner zieht während seines Lebens etwa vierzehnmal um;

– Die Binnenwanderung hat zwischen 1940 und 1960 um 50 Prozent zugenommen.

Die Amerikaner waren immer unterwegs, denn: *Nun ist das Land da, nun wird es auch erobert.* Als das Land vom Atlantik zum Pazifik erobert war, sind die Amerikaner nicht

[1] Heute legt ein US-Bürger täglich allein im Auto ca. 33 km zurück; vgl. S. 133.
[2] Vance Packard, A Nation of Strangers; deutsch: Die ruhelose Gesellschaft, Düsseldorf und Wien 1973, hier S. 205–206.

zur Ruhe gekommen. Erst durchschnitten die Eisenbahnen das Land, dann wurde das Land auf die Bedürfnisse des Autoverkehrs zugeschnitten.

Die Amerikaner sind immer unterwegs: Zwischen Wohnung und Arbeitsstätte – drei bis vier Stunden Fahrtzeit am Tag sind für New York nicht außergewöhnlich; zwischen Erstwohnung und Zweitwohnung – zwei Millionen Amerikaner haben einen zweiten Wohnsitz; zwischen Wohnung und Supermarkt – ohne Auto kann man in den USA nicht einkaufen.

Manche sind ständig über lange Strecken unterwegs: Fernlaster- und Omnibusfahrer, Piloten, Stewardessen, Berufssportler, Bauarbeiter, Künstler, Handelsreisende, Erdöltechniker, dazu immer mehr Soldaten und Raumfahrttechniker. Viele der modernen Wanderarbeiter sind hochtrainierte Spezialisten, die ständig neue Arbeitsstätten suchen müssen: Adam Smith hat sie auf den Weg gebracht, als er die Arbeitsteilung und Spezialisierung zum Grundgesetz der Wirtschaft und zur Basis des Wohlstandes erklärte.

Studenten ziehen wie eh und je zu den Universitäten, aber in den USA ziehen nun auch die Alten in Scharen in die Seniorendörfer im Süden. Im Bevölkerungsstrom der Städte treten ethnische Strudel auf, und Großunternehmen werden quer durchs Land verlegt - nicht selten in die Nähe des Wohnsitzes ihres Direktors[1].

Die Amerikaner haben transportable Wurzeln entwickelt. Die Umzugsentfernungen werden immer größer, der mitge-

[1] Dieses Phänomen ist auch in der Bundesrepublik Deutschland nicht unbekannt; vgl. Wahl der Bundeshauptstadt in unmittelbarer Nähe des Wohnsitzes des ersten Bundeskanzlers.

nommene Hausrat wird immer umfangreicher – sogar der exhumierte Sarg mit der Hülle eines verflossenen Ehegatten geht mit.

Das alles kostet viel Geld. Die Versetzung eines leitenden Angestellten kostet im Durchschnitt etwa 5000 Dollar. Insgesamt geben amerikanische Unternehmen für Versetzungen ihrer Angestellten im Jahr mindestens eine Milliarde Dollar aus – für Haussuche, Hauskauf, Flugkarten, Automiet-Speditionen etc. Die Ausgaben der Versetzten belaufen sich nochmals auf mehrere hundert Millionen Dollar. Dazu kommt pro Jahr rund eine halbe Milliarde Dollar aus Steuergeldern, um die Umzugsrechnungen von Militärfamilien zu begleichen.

Das alles führt zu einer erheblichen Steigerung des Bruttosozialproduktes und zum Broterwerb von Hunderten von Firmen, die direkt oder indirekt am Umzug verdienen. Amerikanische Geschäftsleute haben längst erkannt: Wer umzieht, kauft mehr ein.

Ivan Illich[1] hat zur Stützung seiner These, daß jenseits einer kritischen Schwelle eine Steigerung des Energieverbrauchs zur Lähmung der Gesellschaft führt, eine Reihe von interessanten Informationen zusammengetragen, die auch für die Diskussion um das Kartoffel-Theorem relevant sind. Der typische amerikanische Mann widmet demnach seinem Auto über 1600 Stunden im Jahr: Um damit zu fahren, damit zu parken, um das Geld für Autokauf, Benzin, Steuern und Strafzettel zu verdienen – er verbringt vier seiner sechzehn wachen Stunden am Tag mit dem Auto oder für das

[1] Ivan Illich, Energy and Equity; deutsch: Die sogenannte Energiekrise oder die Lähmung der Gesellschaft, Hamburg 1974, bes. S. 23 ff.

Auto. Dabei legt er 7500 Meilen pro Jahr zurück – weniger als acht Kilometer pro Stunde! Und er muß nicht viel weniger zu Fuß gehen als seine Vorfahren – nicht über Land, sondern durch Tunnels, über Korridore, durch Kaufhäuser und zu Parkplätzen.

Da fragt man sich doch irgendwann: Lohnt sich das Auto eigentlich noch?

KOMMUNIKATION STATT MOBILITÄT

Früher war Mobilität eine Voraussetzung für zwischenmenschliche Kommunikation. Die Mobilität von heute zerreißt die Fäden zwischenmenschlicher Kommunikation. Kaum jemand hat mehr Zeit, sich mit dem anderen einzulassen. In den USA treten bei der Ankunft von Neubürgern organisierte, professionelle Willkommensheißer auf, und dann gibt es »Nachbarn aus der Dose« – die alten Bekannten vom Fernsehschirm.

In England ist gegen diese Hektik das *Piccadilly-Paradoxon* entwickelt worden. Es geht auf eine alte Weisheit zurück, die entdeckt wurde, als London und in London der Piccadilly Circus noch der Nabel des Empire und später des Commonwealth waren: Wenn man irgendjemanden in der Welt treffen will, muß man sich nur an den Piccadilly Circus stellen und warten – irgendwann kommt er bestimmt vorbei.

Sicherlich lassen sich gegen diese Weisheit Einwände machen, beispielsweise, daß der Piccadilly Circus längst nicht allen Platz bietet, die einen anderen treffen möchten. Nachdem in den USA jedoch hinreichend bewiesen wurde, daß die Steigerung der Mobilität heute zu einer Verringerung der Kommunikation führt, erscheint das paradoxe Experiment durchaus angebracht: Die Mobilität drosseln und warten, ob die Kommunikation wieder beginnt.

Es gibt nachweislich Kommunikation, die mit einem Minimum von Mobilität zustandegebracht werden kann: Wenn zwei sich küssen oder sich nur zublinzeln, ist die Mobilität sehr gering – aber der kommunikative Effekt ist sehr erheblich.

Vieles spricht dafür, daß die Generation, die jetzt in Europa heranwächst, nicht mehr so in die Mobilität vernarrt ist wie die ältere Generation. Das wäre gut. Aber einiges deutet darauf hin, daß auch das Interesse an Kommunikation nicht mehr so ausgeprägt sein wird wie bisher. Das wäre schade.

DIE VERPULVERUNG UNSERER ZEIT

Als Adam Smith die theoretische Nationalökonomie erfand und den Grundstein zur modernen Industriewirtschaft legte, hatten die Menschen in den nachmaligen Industrieländern noch Zeit; bei Smiths Zeitgenossen Johann Wolfgang Goethe beispielsweise ist in »Dichtung und Wahrheit« nachzulesen, wie behaglich es herging.

In den 200 Jahren seit Adam Smith hat sich die industrialisierte Technik ungeheuer entwickelt. Hilfreiche Techniker haben eine Fülle von zeitsparenden Geräten erfunden. Alles wurde rationalisiert. Darüber ist unsere Zeit immer knapper geworden. Heute hat mancher kaum noch die Zeit zu überlegen, welches zeitsparende Gerät er als nächstes anschalten soll.

Ist irgendwo etwas schiefgegangen?

Smiths Landsmann William Shakespeare (1564–1616) hatte schon 1601 im »Hamlet« festgestellt: »Die Zeit ist aus den Fugen.« Aber gerade die Wucht dieser Anklage gegen die sittlichen Zustände am dänischen Königshof läßt erkennen: Im allgemeinen erschien den Menschen damals die Zeit noch gut intakt.

Damit hat Smith 175 Jahre nach »Hamlet« gründlich aufgeräumt. In seiner Stecknadelfabrik wurden nicht nur Stecknadeln produziert. Dort zerlegte Smith die organische, handwerkliche Arbeit in spezialisierte, monotone Arbeitsgänge. Er trennte damit nicht nur die Arbeiter von der Ganzheit des Produktes. Er spaltete auch die Menschenzeit in Zeiteinheiten, die jeweils mit den einzelnen Arbeitsgängen zur Arbeitszeit verschmolzen wurden. Es blieb den Menschen nur ein Stück Zeit, das zunächst sehr knapp, später immer reichlicher bemessen war: Die Freizeit.

Bertrand Russell[1] ist später zur Stecknadelfabrik zurückgekehrt und hat gegen Smiths Verfahrensweise einen durchgreifenden Reformvorschlag gesetzt: »Nehmen wir an, daß gegenwärtig eine bestimmte Anzahl von Menschen mit der Herstellung von Nadeln beschäftigt ist. Sie machen so viele Nadeln, wie die Weltbevölkerung braucht, und arbeiten acht Stunden täglich. Nun macht jemand eine Erfindung, die es ermöglicht, daß dieselbe Zahl von Menschen doppelt so viele Nadeln herstellen kann. Aber die Menschheit braucht nicht doppelt so viele Nadeln. Sie sind bereits so billig, daß kaum eine zusätzlich verkauft würde, wenn sie noch billiger werden. In einer vernünftigen Welt würder jeder, der mit der Herstellung von Nadeln beschäftigt ist, jetzt eben vier statt acht Stunden täglich arbeiten, und alles ginge weiter wie zuvor. Aber in unserer realen Welt betrachtet man so etwas als demoralisierend. Die Nadelmaschinen arbeiten noch immer acht Stunden, es gibt zu viele Nadeln, einige Nadelfabrikanten machen Bankrott, und die Hälfte der Leute, die Nadeln

[1] Bertrand Russell (1872–1970), engl. Philosoph; Hauptwerk: Principia Mathematica; hier: Bertrand Russell, In Praise of Idleness and Other Essays, London 1935, S. 16 ff., zitert nach Dennis Meadows, Die Grenzen des Wachstums, a. a. O., S. 158.

machen, verlieren ihre Arbeitsplätze. Es gibt jetzt, genau betrachtet, genausoviel Freizeit wie bei halber Arbeitszeit; denn jetzt hat die eine Hälfte der Leute überhaupt nichts mehr zu tun, und die andere überarbeitet sich. Auf diese Weise ist sichergestellt, daß die unvermeidliche Freizeit Elend hervorruft, statt daß sie eine Quelle des Wohlbefindens werden kann. Kann man sich noch etwas Irrsinnigeres vorstellen?«

Russells Thesen sind mit den Argumenten der klassischen Nationalökonomie leicht zu widerlegen: Er nimmt an, daß der Weltbedarf an Stecknadeln fest vorgegeben und unveränderlich ist, während dieser Bedarf doch mit Bevölkerung und Lebensstandard steigt; er nimmt an, daß die Arbeiter freiwillig auf vier Stunden Arbeit und damit auf Vollbeschäftigung verzichten, während die Vollbeschäftigung doch das wichtigste Ziel modernen Wirtschaftens ist; und er will die Bankrotte einiger Nadelfabrikanten verhindern, während doch eine derartige natürliche Auslese unter den Konkurrenten erst die Effizienz der Wirtschaft garantiert.

Stärker als alle diese Argumente steht gegen Russells Vorschläge zweimal das Kartoffel-Theorem:

1. Nun sind die Fabriken da, nun werden auch Nadeln produziert;

2. Nun sind die Nadeln da, nun werden sie auch verbraucht.

DAS CONCORDE-SYNDROM

Was würde geschehen, wenn ein Wirtschaftskonzern oder eine Regierung versuchen wollte, Russells Vorschlag zu verwirklichen und bei einer Steigerung der Produktivität der

Arbeit um 100 Prozent durch eine neue Erfindung die Arbeitszeit um 50 Prozent einzuschränken? Arbeiter und Unternehmer würden sich zu Protesten und Kampfmaßnahmen zusammenscharen: Die Arbeiter, weil sie sich von den Arbeitsplätzen verdrängt fühlen; die Unternehmer, weil sie die Nähnadelmaschinen, d. h. ihr Kapital, nicht brachliegen lassen wollen.

Wie wirklichkeitsfremd die Vorschläge Russells sind, läßt sich leicht am Fall *Concorde* erkennen. Der Weltbedarf an Überschall-Clippern wird aufgrund der Energiekrise voraussichtlich eher abnehmen als zunehmen. Nach Russells Vorschlägen müßte die Produktion von Flugzeugen also verringert werden. In Wirklichkeit wird die *Concorde* als neues Modell gebaut. In Großbritannien und Frankreich waren sich Regierungen, Manager und Arbeiter völlig einig: Die Produktion muß weitergehen.

Derartige Koalitionen von Staat, Unternehmern und Arbeitern zur Verhinderung von Produktionsverminderungen werden in Zukunft immer bedeutsamer werden. Da eine solche Koalition und ihre Wirkung im Fall *Concorde* besonders deutlich geworden sind, wird der Tatbestand als *Concorde-Syndrom*[1] bezeichnet.

Russells Landsmann Edward Heath hat als Premierminister im Winter 1973/74 versucht, angesichts der Energiekrise mit der Erfindung der Drei-Tage-Woche die Arbeitszeit im Lande stark zu drosseln. Weder Unternehmer noch Arbeiter waren damit zufrieden. Alle sehnten den Tag der

[1] Syndrom = grch. Symptomenkomplex, d. h. zusammenhängende, auffällige Anzeichen, deren Gesamtbewertung zur Diagnose führt. Vgl. auch S. 73 ff. zur »Concorde«.

Rückkehr zur Vier-Tage-Woche und dann zur Fünf-Tage-Woche herbei.

Aber so etwa hunderttausend Arbeiter waren während der Drei-Tage-Woche guter Laune. Sie hatten sich ausgerechnet, daß sie mit drei Tagen Lohn samt Überstundenzuschlägen an Samstagen und Arbeitslosenunterstützung für den Rest der Woche bei insgesamt verringerten Steuerabzügen netto mehr verdienten als in einer normalen Arbeitswoche. Die Leiter der zuständigen Arbeitsämter konnten verhindern, daß diese Arbeiter für eine Fortsetzung der Drei-Tage-Woche in Streik traten.

DIE KONSUMITÄT DES VERBRAUCHS

Russells Vorschläge beruhen auf dem Irrtum, Smith habe Wirtschaft und Gesellschaft mit seiner Stecknadelfabrikation den richtigen Weg gewiesen, die Menschen seien nur irgendwie von diesem Weg abgekommen. Der Schwede Staffan B. Linder[1], einer der wenigen volkswirtschaftlichen Professoren, die sich Zeit zur Analyse des Zeitproblems genommen haben, sieht die Dinge realistischer. Er machte – wie jedermann – die Erfahrung, daß zunehmender wirtschaftlicher Wohlstand keineswegs dazu führt, daß wir immer mehr Zeit haben. Im Gegenteil; und so formulierte er: *Wirtschaftliches Wachstum bedeutet eine allgemeine Verknappung der Zeit.*

Linder findet eine plausible Erklärung für diese Erfahrung: Die Fülle der materiellen Güter, die im Wirtschaftswachstum produziert werden, muß verbraucht werden. Zu diesem Verbrauch ist Zeit notwendig: Verbrauchszeit.

[1] Staffan B. Linder, The Harried Leisure Class; deutsch: Das Linder-Axiom oder Warum wir keine Zeit mehr haben, Gütersloh – Wien 1971

Das ist unmittelbar einleuchtend. Wer je vor einem Teller Spaghetti saß, erinnert sich: Der Konsumakt ist keineswegs eine Augenblickshandlung ohne zeitliche Konsequenzen. Auch der Verbrauch einer Theaterkarte oder eines Autos nimmt normalerweise einige Zeit in Anspruch.

Im Kartoffel-Theorem ist das berücksichtigt: Nun sind die Kartoffeln da, nun werden sie auch gegessen. Diese Formulierung enthält zwar die Forderung nach zeitlicher Stringenz, d. h. die Kartoffeln sollen möglichst schnell gegessen werden; jedoch ist stets unterstellt worden, daß der Konsum der Kartoffeln (vor allem von heißen Kartoffeln) einige Zeit benötigt.

Die meisten Wirtschaftswissenschaftler haben diesen ebenso einfachen wie wichtigen Tatbestand bisher übersehen. Sie haben die Arbeitszeit als knappes Gut in ihre Theorien aufgenommen und die Freizeit als freies Gut weitgehend unberücksichtigt gelassen. Deshalb sind wir auf Irrwege geraten. Heute steht (die angeblich knappe) Arbeitszeit überall in großer Menge zur Verfügung: In den entwikkelten Ländern aufgrund der Steigerung der Produktivität der Arbeit; in den unterentwickelten Ländern aufgrund der Zunahme der Bevölkerung. Hingegen fehlt es – zumindest in den Industrieländern – eindeutig an Verbrauchszeit, damit für alle – oder wenigstens die meisten – Güter das Kartoffel-Theorem verwirklicht wird: Nun sind die Kartoffeln da, nun werden sie auch gegessen.

Die Produktivität der Arbeit ist erhöht worden, indem der Kapitaleinsatz gesteigert, die Arbeitszeit in immer kleinere Bruchteile zerlegt und jeder Bruchteil mit einem zunehmenden Quantum Produktion verschmolzen wurde. Analog dazu versuchen jetzt besonders fortschrittliche Konsumenten, freiwerdende Arbeitszeit, d. h. Freizeit so zu nutzen, daß die *Konsumität des Verbrauchs* (Verbrauch pro Zeiteinheit) gesteigert wird und ein Maximum erreicht. In drei experimentellen Teilbereichen sind dabei beachtliche Erfolge erzielt worden:

1. Beim Rekordverbrauch: Die Zahl der pro Kopf konsumierten Weißwürste ist in Bayern bei entsprechenden Wettbewerben ebenso gesteigert worden wie beispielsweise der Verbrauch an Plastiktüten und Flugbenzin durch entsprechende Preiskalkulation und Werbung überall in der Bundesrepublik und in anderen Industrieländern. Die Aufnahmekapazität jedes einzelnen Bayern für Weißwürste hat sich jedoch schließlich als ebenso begrenzt erwiesen wie der Weltvorrat an Erdöl, aus dem Flugbenzin und Plastiktüten hergestellt werden.

2. Beim Simultanverbrauch: Jeder guterzogene Konsument verrichtet heute jederzeit wenigstens zwei bis drei Verbrauchstätigkeiten gleichzeitig, etwa in der fahrenden Eisenbahn ein Buch lesen und eine Zigarre rauchen oder beim Aufwaschen ein Kaugummi kauen und Radio hören. Aber selbst eine Steigerung auf vier, fünf oder sechs simultane Verbrauchsprozesse bringt keine endgültige Lösung, weil die Produktivität der Arbeit immer weiter gesteigert wird, so daß die Produkte schneller hergestellt als verbraucht werden.

3. Beim Vernichtungsverbrauch: Dieses Verfahren ist vor allem in den USA weitverbreitet. Die Amerikaner werden dazu von jenen Kindesbeinen an erzogen, mit denen sie im Supermarkt Konservenpyramiden umtreten und Spielzeug

zertrampeln. Niemand darf sie dabei stören. Ausländische Besucher haben daraus oft den Schluß gezogen, die USA seien ein extrem kinderfreundliches Land. Das mag zutreffen. Aber hier handelt es sich um Übungen im Vernichtungsverbrauch, mit denen die Kinder für das Leben in Wirtschaft und Gesellschaft, speziell in den Streitkräften, konditioniert werden.

Jedes dieser Verfahren wird intensiv weiterentwickelt werden, um jenes wirtschaftliche Gleichgewicht zu erreichen, das durch die Formel charakterisiert werden kann:

Produktivität der Arbeit = Konsumität des Verbrauchs

Es ist heute schon theoretisch klar, daß zur Herstellung dieses Gleichgewichtes eine Aufteilung der Arbeitszeit wie der Freizeit in unendlich kleine Einheiten notwendig ist, die sich mit möglichst großen Mengen von Produkten, sei es bei der Herstellung oder sei es beim Verbrauch, kombinieren lassen. Die herkömmliche Zeitspaltung reicht nicht mehr aus. Wir müssen unsere Zeit verpulvern[1].

WARUM ADAM DAS PARADIES VERLIESS

Die Zeitspaltung, wie sie Adam Smith in seiner Stecknadelfabrik demonstrierte, hatte für Wirtschaft und Gesellschaft ähnlich produktiv-stimulierende und gefährlich-explosive Wirkungen wie die Atomspaltung.

Analog zur Atomspaltung hat sich auch bei der Zeitspal-

[1] Das mag unrealistisch klingen. Aber wie früher (vgl. S. 101 ff.) erläutert, wird in neoklassischen Wachstumsmodellen die viel weitergehende Prämisse einer unendlichen Teilbarkeit (und Substitutionsfähigkeit) der Produktionsfaktoren ganz selbstverständlich gesetzt. Es ist auch daran zu erinnern, daß in früheren Jahrhunderten mit der Erfindung der Sanduhr, die heute noch gelegentlich beim Eierkochen Verwendung findet, ein sichtbarer Versuch unternommen wurde, die Zeit zu pulverisieren.

tung eine Kettenreaktion eingestellt, die nur sehr schwer oder gar nicht mehr zum Stillstand gebracht werden kann. Das zeigt sich bei der Arbeitszeit: Sie ist von geschickten Rationalisierungsfachleuten in Vorgabe-Sekunden und Sekunden-Bruchteile atomisiert worden. Das wird noch deutlicher bei der sogenannten Freizeit: Nur durch ausgeklügelte Aufteilung seiner Freizeit und durch geschickte Mischung der oben skizzierten Verfahren kann der einzelne heute noch dem Angebot der Freizeitindustrie einigermaßen gerecht werden.

Ein Beispiel:

18 Uhr 23: Freizeithose und Freizeithemd anziehen

18 Uhr 35: Hobby-Hobel ansetzen, um Bretter für die Freizeitlaube zu glätten

18 Uhr 40: Beim Hobeln eine Zigarette rauchen und im Radio die Winke für den Freizeitgärtner hören

18 Uhr 47: Durch Simultanbeschäftigung verdorbene Bretter wegwerfen und Hansaplast für eine Hobelschramme an der Hand suchen

19 Uhr 05: Hobbykochschürze umbinden und Abendessen vorbereiten

20 Uhr 00: Abendessen – wer ißt die meisten Pfannkuchen?

21 Uhr 00: Erschöpft im Freizeit- und Fernsehsessel. Familienkrach, weil keine Einigung zu erzielen ist, ob »Ich baue mir ein Motorrad« (Erstes Programm), »Als Hobbytaucher unterwegs« (Zweites Programm) oder »Der Intellektuelle und der Freizeit-Frust« (Drittes Programm) eingeschaltet werden soll.

Manchmal hat man den Eindruck, daß aus einem Zeitvertreib eine Zeitvertreibjagd geworden ist, die mit der Erlegung des letzten Quäntchens Zeit enden muß.

Die Produkte, die in der Freizeit bewältigt werden müssen, sind neu. Das Problem ist alt. Es war Adams Hauptproblem im Paradies: Er kam niemals mit dem Konsum nach. Die Paradiesprodukte, die er verbrauchte, wuchsen schneller nach als die abgeschlagenen Köpfe der fabelhaften Hydra, die Herkules schließlich mit dem Feuer überwältigte. Adam hatte kein Feuer. Die schiere Verzweiflung über seine Unfähigkeit, mit den Produkten konsumtiv fertigzuwerden, nicht etwa rebellischer Hochmut gegen den Herren, motivierte Adam, vom Baum der Erkenntnis zu essen. Er wollte wissen, wie er mit Eva aus der Überflußgesellschaft herauskommen könnte. Der Herr zeigte es ihm: Er schickte ihn zur Arbeit.

Und jetzt, Jahrmillionen nach Adam und 200 Jahre nach Adam Smith, wird erschreckend deutlich: Das war auch nur eine zeitweilige Lösung. Wir haben heute die gleichen Probleme wie Adam – in der Überflußgesellschaft.

PARKINSON UND PETER ENTLARVT

Diese ganze Problematik wurde von Parkinson[1] in höchst eleganter, aber wissenschaftlich unzureichender Weise umgangen, als er sein erstes Gesetz formulierte:

Jede Arbeit richtet sich nach der dafür zur Verfügung stehenden Zeit (Work expands so as to fill the time available for its completion).

[1] C. Northcote Parkinson, englischer Historiker und Wirtschaftssatiriker, * 1909; Hauptwerk: Parkinson's Law; deutsch: Parkinsons Gesetz, Stuttgart 1957, sowie Alles von unserem Geld, Düsseldorf und Wien 1961, und weitere Bücher.

Parkinson demonstriert die Gültigkeit dieses Gesetzes vor allem mit eindrucksvollen Beispielen vom Wachstum der Verwaltungsapparate, das in keinerlei Beziehung zur Menge der zu leistenden Arbeit steht, sondern sich nach eigenen Gesetzen regelt: Jeder Bürokrat sucht zwei Untergebene, um seine eigene Stellung zu fundieren. Da jeder Untergebene auch wieder zwei Untergebene braucht, ist unmittelbar einsichtig, daß die Zahl der Bürokraten sich lawinenartig vermehrt.

Diese Gesetzmäßigkeit ist von Parkinson richtig erkannt worden, und ihre Bedeutung für Wirtschaft und Gesellschaft ist sehr hoch einzustufen. Wer jedoch Adam Smith kennt, sieht sofort: Es handelt sich bei Parkinsons Gesetz nur um einen speziellen Fall von Arbeitsteilung. Wer Adam Smith genauer kennt, wird sogar enttäuscht sein: Während in Smiths Stecknadelfabrik die Arbeit von einem Augenblick zum anderen in zahlreiche spezialisierte Tätigkeiten zerlegt und die Einstellung vieler Arbeitskräfte zur Übernahme dieser Tätigkeiten zwingend notwendig wird, vollziehen sich die hierarchischen Wucherungen in Parkinsons Ministerien relativ langsam und sind auch davon abhängig, wie intensiv jeder Bürokrat die Arbeitsplatzbeschaffung für weitere Untergebene betreibt.

Diese Entlarvung Parkinsons ist notwendig, um die wirkliche Bedeutung des von ihm entdeckten Gesetzes zu erkennen: Mit der Vergrößerung der Verwaltungsapparate werden Arbeitskräfte, die bisher in einer – nach orthodoxen Maßstäben – produktiven Arbeit standen, von der Produktionspflicht entbunden und auf den Verbrauch von Büromaterial u. ä. umgeschult. In derartigen Umschulungen ist heute

Nun ist die Zeit da . . .

die vornehmste Aufgabe staatlicher und privatwirtschaftlicher Verwaltungen zu sehen: Hier wachsen die Trainer der »Weißen Elefanten« von morgen heran.

Es ist unmittelbar einsichtig, daß Parkinsons Gesetz nur einen Sonderfall des Kartoffel-Theorems beschreibt. Nach Rückführung auf das Kartoffel-Theorem lautet Parkinsons Gesetz:

Nun ist die Zeit da, nun wird sie auch verarbeitet

Auch Parkinsons zweites Gesetz läßt sich leicht auf das Kartoffel-Theorem zurückführen:

Parkinson-Formel: Die Ausgaben steigen mit den Einkünften (Expenditure rises to meet income);

Kartoffel-Formel: Nun sind die Einkünfte da, nun werden sie auch ausgegeben.

So wie sich Parkinson auf Smith stützte, so stützte sich Peter[1] auf Parkinson. Smith entwickelte das Prinzip der horizontalen Arbeitsteilung und Spezialisierung. Parkinson fand die Gesetzmäßigkeiten einer von der Arbeit unabhängigen, vertikalen und ständig wachsenden Arbeitsplatzbeschaffungspyramide. Peter beleuchtete die Rolle des Individuums in dieser Pyramide, was Parkinson vernachlässigt hatte, und er fand damit die wichtige Erklärung dafür, warum in hierarchischen Pyramiden kaum produktive Arbeit (nach orthodoxen Maßstäben) geleistet werden kann:

In einer Hierarchie neigt jeder Beschäftige dazu, bis zu seiner Stufe der Unfähigkeit aufzusteigen.

Das ist das *Peter-Prinzip.* Diese beachtliche Entdeckung wird von Peter mit einer Fülle von wesentlichen und unwesentlichen Beobachtungen dekoriert, die jedoch über die ursprüngliche Entdeckung kaum hinausführen.

Leider hat Peter darauf verzichtet, seine Einsichten auch für die Makroökonomie und für die internationale Wirtschaftspolitik nutzbar zu machen. Eine derartige Anwendung ergibt sofort eine wichtige Gesetzmäßigkeit:

Jede Nation strebt zur Stufe ihrer Handlungsunfähigkeit

Diese Erfahrung haben zahlreiche Großmächte im Laufe der Geschichte gemacht.

Peter beschreibt mit seinem Prinzip nur einen Sonderfall

[1] Laurence J. Peter & Raymond Hull, The Peter Principle; deutsch: Das Peter-Prinzip oder die Hierarchie der Unfähigen, Reinbek bei Hamburg 1970.

von Parkinsons Gesetz, auf das sich sein Prinzip daher leicht zurückführen läßt:

1. Jede Unfähigkeit entwickelt sich entsprechend der verfügbaren Hierarchie;

2. Die Unfähigkeit wächst mit dem hierarchischen Aufstieg;

Nachdem früher gezeigt wurde, daß Parkinsons Gesetz nur einen Sonderfall des Kartoffel-Theorems beschreibt, und nachdem das Peter-Prinzip nun als Sonderfall von Parkinsons Gesetz erkannt ist, ist es unmittelbar einleuchtend, daß das Peter-Prinzip sich in Form des Kartoffel-Theorems schreiben läßt:

Nun ist die Stufe der Unfähigkeit da, nun wird sie auch erklommen

Eine andere Möglichkeit der Umformung, die auf die im Keim stets vorhandene menschliche Unfähigkeit zielt, ist:

Nun ist die Unfähigkeit da, nun wird auch die entsprechende Stufe der Unfähigkeit erklommen

Das alles beweist nur, was ohnehin längst bekannt war: Das Kartoffel-Theorem ist das allgemeine Gesetz des Wirtschaftens, auf das sich alle anderen Gesetze und Prinzipien zurückführen lassen.

EIN GEFÄHRLICHER BAZILLUS

Parkinson und Peter haben dem Kartoffel-Theorem zweifellos den Boden bereitet. Ihre Formeln könnten daher als vorläufig, aber verdienstvoll angesehen werden, würden nicht diese Arbeiten beweisen, daß Parkinson und Peter sich mit dem gefährlichsten Bazillus angesteckt haben, der heute in wirtschaftlichen Organismen zu finden ist. Es handelt sich um die Seuche der *Suboptimierung*.

Dieser Bazillus, dessen Existenz theoretisch längst bekannt war, ist in seiner ganzen Gefährlichkeit erst in den letzten Jahren erkannt worden, und zwar vorwiegend von Forschern aus den USA. Dieser Bazillus befällt Wissenschaftler aller Fachrichtungen. Seine Wirkung unter Wirtschaftswissenschaftlern ist jedoch besonders verheerend: Einerseits, weil die Wirtschaftswissenschaften in den letzten Jahrzehnten gegenüber Naturwissenschaften und Politik eine dominierende Rolle gewonnen haben; andererseits, weil zahlreiche Wirtschaftstheoretiker und Wirtschaftspraktiker es als normal und sogar vorteilhaft erachten, davon befallen zu sein.

Wenn ein Wirtschaftswissenschaftler sich mit der Suboptimierungsseuche infiziert hat, nimmt die Krankheit meistens folgenden Verlauf: Der Wissenschaftler schneidet sich aus der Wirtschaftswirklichkeit ein passendes, nicht zu großes Stück aus und stülpt einen wissenschaftlichen Überbau darüber; etwa so wie die Hausfrau sich ein Stück Käse besorgt und eine Käseglocke darüberstülpt. Dieses Stück (Wirklichkeit bzw. Käse) analysiert der Theoretiker und entwickelt dann ein Verfahren, um unter der Glocke optimale Bedingungen in bezug auf sein Erkenntnisziel (optimale Beschäftigung, optimales Wachstum etc.) herzustellen. Wenn das gelingt, wird das Verfahren verkündet mit dem Hinweis, daß die wirtschaftlichen Probleme jetzt allesamt nach diesem Verfahren lösbar seien und daß sich nun auch mit Sicherheit die weitere wirtschaftliche Entwicklung vorhersagen und programmieren lasse. Alles, was außerhalb der Käseglocke des wissenschaftlichen Überbaus geschieht, wird als nicht relevant ignoriert.

Dieses Krankheitsbild ist bei vielen Wirtschaftswissenschaftlern nachzuweisen, beispielsweise bei Karl Marx, der durch die Suboptimierung nachweislich zu falschen Prognosen hinsichtlich einer Revolution der arbeitenden Klasse in England verführt wurde. Parkinson und Peter sind als stark infiziert anzusehen, weil sie ihre Untersuchungen auf die Verwaltungsbürokratie beschränken, deren Bedeutung unbestritten ist, die jedoch bisher noch nicht alle Wirtschaftssubjekte aufgesogen hat.

Die Suboptimierung ist die sachliche Entsprechung des Spezialisten, wie er sich aus der Smith'schen Arbeitsteilung entwickelt hat: Konsistent und effizient, aber von sehr beschränkter Brauchbarkeit und höchst gefährlich, wenn ein Anspruch aufs Allgemeine erhoben wird.

Diese Probleme sind bei der Formulierung des Kartoffel-Theorems vermieden worden. Dieses Theorem ist ex definitione allgemeingültig und erlaubt erstmals eine volle Übersicht über die Wirkungskräfte der modernen Wirtschaft. Nachdem diese Übersicht gewonnen ist, können erste Versuche eingeleitet werden, die Wirkung der jetzt als gefährlich erkannten Kräfte zu bremsen oder zu beseitigen.

MIT SCHIRM, SCHERE UND MARCUSE

Obwohl die volle Einsicht in die Wirkungsweise des Kartoffel-Theorems sich erst 200 Jahre nach Adam Smith entwickelt, sind ohne theoretisches Rüstzeug in der Praxis schon einige Methoden erprobt worden, um die Wirksamkeit dieses Theorems zu vermindern oder völlig zu verhindern. Die wichtigsten Versuche in dieser Richtung sind in Großbritannien und in den USA unternommen worden. Das ist kaum verwunderlich: Die industrielle Revolution hat in Großbritannien begonnen und in den USA ihren höchsten Stand erreicht, so daß in dem einen Land besonders viel Zeit, in dem anderen Land eine besonders akute Notwendigkeit gegeben war, Anti-Kartoffeltheoremmittel zu entwickeln.

Die Ergebnisse zahlreicher praktischer Versuche lassen sich systematisch in drei Kategorien einordnen:

1. *Die Schirm-Methode (brolly method),* mit der die gefährlichen Konsequenzen der Kräfte, die unter dem Kartoffel-Theorem wirksam werden, durch produktive Zweckentfremdung abgelenkt werden.

2. *Die Scheren-Methode (scissors method),* mit der zwischen das Da-Sein der Kartoffeln und ihr So-Sein (Anwendung bzw. Verbrauch) ein entscheidender Schnitt gelegt wird.

3. *Die Marcuse-Methode (Marcuse method),* mit der in Anlehnung an die Thesen von Herbert Marcuse eine große Verweigerung sowohl des Kartoffelkonsums wie der Einsicht in das Kartoffel-Theorem erfolgt.

Alle drei Methoden werden hier erstmals zusammengefaßt erläutert und damit fortgeschrittenen Studenten zur eigenen Diskussion gestellt. Im Einklang mit dem wissenschaftlichen Ansatz der *Schottischen Schule*[1] werden die verschiedenen Methoden anhand von empirischem Material entwickelt; der in letzter Zeit entbrannte Methodenstreit darüber, ob es sich um drei prinzipiell unterschiedliche Methoden handelt oder ob diese Methoden stufenlos ineinanderübergehen, wird nicht näher behandelt.

1. DIE SCHIRM-METHODE *(BROLLY METHOD)*

In England geht ein feiner Herr oder einer, der dafür gelten will, also ein Gentleman, niemals aus ohne seinen Regenschirm (engl. = umbrella; vulgär = brolly). Die Mitnahme des Regenschirmes hat ihren Ursprung vermutlich in der gelegentlichen, von Landesfremden stets übertrieben dargestellten Unbeständigkeit und Feuchtigkeit des englischen Wetters. Diese Kausalbeziehung, sofern sie je bestanden hat, ist jedoch im Laufe der Jahrhunderte völlig in Vergessenheit geraten. Wie jeder Kenner der britischen Inseln weiß, spannt ein Gentleman seinen Regenschirm niemals gegen Regen auf, sondern flüchtet beim Einsetzen von Regen mit geschlossenem Schirm in das nächstgelegene Gebäude[2].

[1] Zur Schottischen Schule und damit zu den Begründern der Soziologie zählen vor allem John Millar (1735–1801), Adam Smith (1723–1790) und Adam Ferguson (1723–1816).

[2] In ländlichen Gegenden, in denen Gebäude nicht schnell erreichbar sind, ist der Schirm daher weniger verbreitet; man trägt Regenmäntel und Mützen.

Brollyist

Diese Handlungsweise entspricht nicht dem Verhalten, das gemäß dem Kartoffel-Theorem zu erwarten wäre: *Nun habe ich den Schirm mitgenommen, nun wird er auch aufgespannt.* Wie ist dieser Widerspruch zu erklären? Eine Gruppe junger englischer Wirtschaftswissenschaftler in Cambridge, die sich – halb im Scherz – die *Brollyists* nennen, hat dieses Phänomen in den letzten Jahren untersucht. Eine erste Zusammenstellung eigener Erfahrungen, ergänzt durch Umfragen in den Colleges, hat deutlich gezeigt, daß die ständige Mitnahme eines Schirmes keineswegs sinnlos ist, auch wenn er prinzipiell nicht gegen Regen aufgespannt wird. Der Schirm erfüllt eine Fülle von Funktionen, die durch andere Instrumente nicht oder nicht in ähnlicher Weise erfüllt werden könnten:

– man kratzt sich damit an sonst unzugänglichen Stellen im Rücken; das ist in England sehr wichtig, weil nicht nur das Land, sondern jeder Engländer insularen Charakter hat und ungern einen anderen so nahe an sich heranläßt, wie es zum Rückenkratzen notwendig wäre;

– man winkt damit ein Taxi heran; wer keinen Schirm hat, findet in London selten ein Taxi, und die Minderheit, die dazu ein Taschentuch benutzt, hat sich bisher nicht durchsetzen können;

– man bringt mit der Krücke Räuber und Banditen zu Fall; der Einwand, es gäbe in England kaum Banditen, ist insofern ungerechtfertigt, als Engländer gelegentlich auch ins Ausland reisen und doch auch – wohl speziell für solche Reisen – den Schirmdegen entwickelt haben.

Die Brollyists haben den Anstoß zu einer Repräsentativumfrage über das Schirmverhalten der männlichen Bevölkerung über 20 Jahre in Großbritannien gegeben, die im Oktober 1972 von der Fachzeitung *Bowler & Brolly* durchgeführt wurde[1]. Diese Umfrage hat die Vermutungen der Brollyists weitgehend bestätigt. Als wichtigste Ergebnisse sind hervorzuheben:

– von der männlichen Bevölkerung über 20 Jahre in Großbritannien (ohne die Channel Islands) besitzen 93 % einen Regenschirm, 36 % zwei oder mehr Regenschirme;

– von den Regenschirmbesitzern antworteten auf die Frage, ob ein Regenschirm gegen Regen aufgespannt werden soll: Ja, schon bei Schauern = 2 %; bei heftigen Regenfällen = 2 %; in extremen Notfällen wie bei Wolkenbrüchen oder zum Schutz eines Mitgliedes des Königshauses = 47 %; Nein, niemals = 34 % (der Rest der Befragten war ohne Meinung).

[1] Use or not to use the brolly? In: Bowler & Brolly, London 10/1972, S. 18 ff.

Wie notwendig ein Schirm auch für Einbrecher und andere Mitglieder der Unterwelt ist, wurde in dem Film »Rififi« gezeigt: Bei Einbrüchen durch die Zimmerdecke bohrt man zunächst ein Loch, steckt den gutgerollten Schirm hindurch, spannt ihn auf und fängt völlig geräuschlos das Deckenstück auf, das herausgeschlagen werden muß, wenn man eine Etage tiefer steigen will. Ein solcher Fangschirm bewährt sich auch zunehmend in Deutschland bei Karnevalsumzügen zum Einsacken der Bonbons, die von den Prunkwagen ins Volk geworfen werden.

Zahlreiche Engländer haben – ebenso wie der Autor – ihre Söhne schon in frühem Alter nach der *brolly method* erzogen. Während nahezu alle Jungen zwischen sechs und sechzehn Jahren in Deutschland einen Schirm als lächerliches und überflüssiges Instrument ansehen, wissen die Jungen in England, wenn sie mit ihrem Vater zum Bolzen in den Hyde Park oder auf irgendeine Wiese gehen: Der Schirm muß mit. Erstens könnte man ohne Schirm niemals ein Tor markieren, weil die Bäume selten im richtigen Abstand gepflanzt sind; zweitens könnte man ohne Schirm niemals den Ball wieder aus dem Geäst dieser Bäume herunterlangen.

Wenn die *brolly method* auf ein Problem angewendet werden soll, das durch das Kartoffel-Theorem beschrieben ist, so ist der Ansatz folgendermaßen zu wählen:

Nun sind die Kartoffeln da, nun werden sie auch (nicht gegessen)

Dabei bezeichnet die Klammer (nicht gegessen) die unabhängige Variable, die eingesetzt werden muß, um eine Verwendung zu bezeichnen, für die Nicht-Essen eine Minimalbedingung und eine möglichst unerwartete Verwendung der Kartoffeln das anzustrebende Optimum ist.

Beispiele:

Nun sind die Kartoffeln da, nun wird auch damit Tennis gespielt.

Nun sind die Kartoffeln da, nun werden sie auch ins Sammelalbum geklebt.

Die Möglichkeiten, die eine Anwendung der *Schirm-Methode* bieten, werden systematisch überprüft, sobald die beiden anderen, eingangs skizzierten Methoden näher erläutert worden sind.

2. DIE SCHEREN-METHODE *(SCISSORS METHOD)*

Ebenso wie die *brolly method* ist die *scissors method* vor allem in England entwickelt worden. Das ist nicht nur darauf zurückzuführen, daß die Engländer die industrielle Revolution angezettelt haben und daher besonders lange über die Konsequenzen dieser Revolution nachdenken konnten. Das liegt vor allem daran, daß sich bei den Engländern zwei ganz unterschiedliche Charakterzüge unvermischt nebeneinander gehalten haben: Der lebenslustige, phantasievolle Typ und der sittenstrenge, asketische Typ; ersterer wird etwa durch King Henry VIII personifiziert, letzterer durch Queen Elisabeth I.

England steckt voller solcher Widersprüche. Sie machen den *British Way of Life* aus und sorgen für jene eigentümliche Balance, die sich in Krisen stets gut bewährt. Nachdem die Engländer die Demokratie neuerer Prägung erfunden hatten, waren sie schon von der politischen Räson her gezwungen, den beiden Haupttypen, den Phantasten und den Asketen, gleiches Recht zu verschaffen. Das geschah dadurch, daß man beiden Typen – wie so vielen Dingen in England – völlig freien Lauf ließ, aber dafür sorgte, daß sie nicht miteinander in Berührung kamen.

Einige Beispiele aus der englischen Alltagspraxis:

Die Phantasten haben ein vollautomatisches Kohlebergwerk entworfen und aufgebaut, aber die Kohleförderung wird (wegen ständiger Kontroversen zwischen Regierung, Unternehmern und Gewerkschaften) nicht gesteigert, sondern geht solange zurück, bis die Asketen fröstelnd ihren Willen bekommen.

Die Phantasten haben in London wolkenkratzerartige Bürogebäude (Center Point u. a.) aufgetürmt, aber die Büros werden (wegen der inflatorischen Preissteigerungen im Zusammenhang mit einem antiquierten Miets- und Pachtsystem für Büroraum) nicht vermietet, sondern bleiben leerstehen, so daß die Asketen sich weiterhin in viel zu engen Büros herumdrücken dürfen.

Die Phantasten haben in den letzten Jahrzehnten den Radar und das Penicillin erfunden, aber eine kommerzielle Auswertung der Erfindungen ist (wegen mangelnder Bereitschaft englischer Wissenschaftler, sich für praktische oder gar kommerzielle Konsequenzen ihrer Entdeckungen einzusetzen) nicht in einem solchen Maße erfolgt, daß die Asketen vor den Überschüssen der britischen Zahlungsbilanz zittern müßten.

Die wenigen Beispiele zeigen deutlich, daß es den Engländern durch die Jahrhunderte gelungen ist, Erfindungen (inventions) und ihre Anwendung (innovation) scharf auseinanderzuschneiden. Das ist die Scheren-Methode *(scissors method).* Dabei ist das Prinzip wesentlich wichtiger als die

Frage, ob die Schnitte früher mehr vom Ehrenkodex des Gentleman (er darf nie zugeben, von einer Sache etwas zu verstehen oder etwas Anwendbares vollbracht zu haben) motiviert waren und heute mehr von Gewerkschaftsseite *(demarcation disputes)* vorgenommen werden.

In der britischen Luftfahrtindustrie sind besonders viele und eindrucksvolle Beispiele für eine konsequente Anwendung der *scissors method* zu finden. Neue Modelle werden von phantasiebegabten, lebenslustigen Ingenieuren entworfen. Sittenstrenge, asketische Manager lassen die Entwürfe regelmäßig zu den Akten legen. Wenn ein solcher Entwurf gelegentlich doch durchgeht, wird die Produktion im allgemeinen nach Herstellung von zwei oder drei Prototypen eingestellt. Vermutlich hätte sich auch die »Concorde« ähnlich entwickelt, wenn die Briten nicht gemeinsame Sache mit den Franzosen gemacht hätten, die von der *scissors method* wenig verstehen. So ging die Entwicklung über ein oder zwei Prototypen hinaus – mit schwierigen Konsequenzen.

Die Auswirkungen der *scissors method* sind auch vom Ausland aus beobachtet, aber häufig falsch eingeschätzt worden. So zeigte der Westdeutsche Rundfunk 1973 einen Fernsehfilm, in dem die englische Wirtschaftsmisere vorwiegend auf die Blockierung zwischen Erfindung und Anwendung technischer Neuheiten zurückgeführt wurde – ohne daß die *scissors method* erwähnt oder das prinzipiell Humane dieser Methode erläutert wurde: Man stelle sich nur einmal vor, alle und jede Erfindung würde verwirklicht!

Während früher viel über die verrückten Engländer und ihre Unfähigkeit gelacht wurde, große Erfindungen auch groß einzusetzen, hat sich dieses Gelächter in den letzten

Jahrzehnten zunehmend in Nachdenklichkeit aufgelöst. Am »Fall J. Robert Oppenheimer« wurde die Verantwortlichkeit des Wissenschaftlers für die Konsequenzen einer großen Erfindung wie der Atombombe diskutiert. Und neuerdings wird von Wissenschaftlern und Ingenieuren in den USA, in der Bundesrepublik Deutschland und in anderen Industriestaaten immer häufiger gefragt, ob wir alles tun müssen oder tun sollen, was wir tun können.

Wenn diese Überlegungen in den Rahmen des Kartoffel-Theorems gestellt werden, so heißt das:

Nun sind die Kartoffeln da, werden sie nun auch gegessen?

Diese Fragestellung charakterisiert das sogenannte offene Kartoffel-Theorem, das unterschiedliche Lösungen zuläßt. Von zahlreichen Variationen einer Antwort werden hier nur zwei Hauptvarianten skizziert.

1. Die *Heiße-Kartoffel-Antwort.* Auf die Frage, ob die Kartoffeln, weil sie da sind, nun auch gegessen werden, hat der Volksmund, um sich nicht zu verbrennen, längst die Antwort formuliert: Nichts wird so heiß gegessen wie es gekocht wird. Das bedeutet, daß man die ganze Sache (hier: die große Erfindung) zwar im Moment wie eine heiße Kartoffel fallen läßt, aber doch die Möglichkeit offenhält, sie später wieder aufzugreifen und anzuwenden.

2. Die *Kleine-Kartoffel-Antwort.* Diesmal wird die Frage, ob die Kartoffeln, weil sie da sind, nun auch gegessen werden, mit einem qualifizierten »Ja« insofern beantwortet, als kleine Kartoffeln zum Essen akzeptiert werden. Die alte Spruchweisheit, die dümmsten Bauern hätten die größten Kartoffeln, wird neu entdeckt als: Die klügsten Städter essen

die kleinsten Kartoffeln. Dabei geht es nicht nur um die Diät, sondern ums Prinzip. Die Beschränkung auf kleine Kartoffeln bedeutet allerdings eine schwierige Halbaskese, wie sie auch Ludwig Erhard mit seinen Maßhalteappellen vor dem Hintergrund grenzenloser Konsumhorizonte zu predigen versucht hat.

Es ist offensichtlich, daß die Scheren-Methode keine endgültigen Ergebnisse bringt und auf längere Sicht in der Schirm-Methode oder in der Marcuse-Methode endet.

3. DIE MARCUSE-METHODE *(MARCUSE METHOD)*

Die *Marcuse-Methode* hat ihre Bezeichnung in Anlehnung an einige Thesen des Soziologen Herbert Marcuse[1] erhalten, der angesichts von Zwang und Druck die große Verweigerung als Antwort empfohlen hat. Nachdem inzwischen völlig klar ist, welcher Druck von den Kräften ausgeht, die gemäß dem Kartoffel-Theorem wirksam werden, ist viel darüber diskutiert worden, ob sich aus Marcuses Thesen *Antikartoffeltheoremmittel* entwickeln lassen. Dabei haben sich zwei Schulen gebildet:

1. Die *Partialschule.* Sie erkennt das Da-Sein der Kartoffeln an, lehnt es jedoch ab, den Übergang zum So-Sein (Konsumtion der Kartoffeln) zu vollziehen. Die Basis der Verweigerung ist emotional wie beim Zappelphillip: »Ich esse meine Kartoffel(-Suppe) nicht, nein, meine Kartoffel(-Suppe) esse ich nicht.«

2. Die *Totalschule.* Sie lehnt es ab, vom Da-Sein der Kar-

[1] Herbert Marcuse, deutsch-amerikanischer Soziologe (*1898); Hauptwerk: Eros and Civilization (1955), deutsch: Triebstruktur und Gesellschaft, Frankfurt/M. 1966.

toffeln oder des Kartoffel-Theorems Notiz zu nehmen, weil bereits die Kenntnisnahme (nicht erst das Messen) einer Sache eine Einmischung in diese Sache darstelle. Damit entfällt natürlich die Frage, ob und in welcher Form die Kartoffeln gegessen werden sollen.

Beiden Schulen kommt ausschließlich theoretische Bedeutung zu, weil ihre Anhänger, soweit sie nicht verhungert oder abtrünnig sind, selten noch die Kräfte zur praktischen Anwendung ihrer Theorien aufbringen. Und eine konsequente Anwendung würde sie noch hinter die Scheren-Schule und die Schirm-Schule zurückwerfen, die bereits die Inkonsequenz zum Prinzip erhoben haben.

WACKELIGER STUHL UND RUHIGES GEWISSEN

Die bisherigen theoretischen Überlegungen haben eindeutig zu dem Ergebnis geführt, daß der Schirm-Methode der Vorzug vor den beiden anderen Methoden zu geben ist. Dieses Ergebnis ist nun an einigen praktischen Fällen aus dem Alltag zu überprüfen.

1. Beispiel: Der Kuchen. Wir nehmen an, daß in einer Bäckerei ein normales Konsumgut, ein guter Kuchen, auf dem Tisch steht. Wie reagieren die Anhänger der drei Methoden, wenn sie in die Bäckerei kommen?

a) *Marcuse-Schüler:* Wenn sie die Bäckerei überhaupt betreten, ignorieren sie die Existenz des Kuchens oder lehnen es ab, davon zu essen.

b) *Scheren-Schüler:* Jeder von ihnen könnte einen noch schöneren Kuchen backen, tut das aber nicht und zweifelt, ob er den vorliegenden Kuchen essen soll *(eat or not to eat that is the question).* Die meisten entschließen sich zu einem kleinen Brötchen.

c) *Schirm-Schüler:* Sie kaufen den Kuchen, obwohl sie genau wissen, daß sie ihn nicht essen werden, tragen ihn heim und werfen ihn dem Ehegatten oder sonst einem nahen Verwandten mitten ins Gesicht, wie man das in Dick-und-Doof-Filmen lernt.

Es ist offensichtlich, daß die Schirm-Methode vorzuziehen ist. Im Kuchenbeispiel wird auch deutlich, daß die Schirm-Schüler durchaus konsequent handeln, daß jedoch in der Kontinuität ihres Handelns ein Knick[1] ist, sozusagen ein Scharnier: Es handelt sich um den Lachmechanismus. Dieser wird bekanntlich stets ausgelöst, wenn einem anderen ein Kuchen mit Sahne ins Gesicht fliegt.

2. Beispiel: Das Buch. Wir nehmen an, daß in einer Buchhandlung ein gehobenes Konsumgut, ein gutes Buch, auf dem Tisch liegt. Wie reagieren die Anhänger der drei Methoden, wenn sie in die Buchhandlung kommen?

a) *Marcuse-Schüler:* Wenn sie die Buchhandlung überhaupt betreten, ignorieren sie die Existenz des Buches oder lehnen es ab, darin zu lesen.

b) *Scheren-Schüler:* Jeder von ihnen könnte ein noch viel besseres Buch schreiben, tut es aber nicht und zweifelt, ob er das vorliegende Buch, ein anderes oder gar kein Buch lesen soll. Die meisten entschließen sich zu einer Zeitschrift wie »Die Zeit« oder »New Statesman« oder »The New Yorker«.

c) *Schirm-Schüler:* Sie lassen sich außer dem vorliegenden

[1] In der angelsächsischen Literatur wird von einer »kinky continuity« gesprochen.

Buch mehrere Dutzend weitere Bücher zeigen, obwohl sie wissen, daß sie keines davon je lesen werden, blättern hier, schauen dort, wägen die verschiedenen Werke sorgfältig ab, kaufen das Buch, das genau ihren Vorstellungen entspricht, nehmen es voller Vorfreude mit nach Hause und schieben es dem wackligen Stuhl unter das kurze Bein, so daß sie endlich in Ruhe sitzen können.

Wer sich auch nur ein wenig mit dem Kartoffel-Theorem beschäftigt hat, kann selbst leicht weitere Beispiele aufbauen. Es wird sich meistens erweisen, daß die Schirm-Methode den anderen Methoden vorzuziehen ist. Das liegt daran, daß unser Gewissen durch jahrtausendelange Übung völlig auf das Kartoffel-Theorem eingestellt ist. Adam schlug im Paradies das Gewissen, als er mit dem Konsumangebot nicht fertig wurde. Das frustriert. So schlägt uns heute das Gewissen, wenn noch Zigaretten unverraucht in der Schachtel stecken; wenn es Bücher gibt, die wir noch nicht gelesen haben; wenn es Blumen gibt, die wir noch nicht gepflückt haben.

Einige besonders mächtige und reiche Männer, Verleger oder Minister oder Generäle, versuchen zunehmend, ihr Gewissen, dessen Existenz unterstellt wird, damit zu beruhigen, daß sie tun lassen. Es ist völlig normal, daß ein Unterabteilungsleiter oder ein Hilfsreferent sagt: »Ich lasse (diesen Bericht) schreiben.« Ein Verleger, ein Minister und ein General lassen nicht nur schreiben. Sie lassen lesen, lassen intervenieren und lassen kämpfen. Auch diese Methode hat ihre Grenzen. Wer läßt schon essen und trinken, rauchen und lieben?

Es bleibt nur die Schirm-Methode. Da geschieht etwas.

Das Buch wird nicht gelesen, aber unter den Wackelstuhl geschoben. Der Kuchen wird nicht gegessen, sondern in ein Gesicht geworfen. Das beruhigt das Gewissen. Und meistens macht es auch noch Spaß.

NEUE INSTRUMENTE DER WIRTSCHAFTSPOLITIK

Das Kartoffel-Theorem und die verschiedenen Gegenmittel (Schirm-Methode, Scheren-Methode, Marcuse-Methode) sind vor Erscheinen des nun vorliegenden Buches in zahlreichen Gesprächskreisen mit Fachleuten und mit Laien diskutiert worden. Dabei wurden vor allem von jüngeren Studenten der Volkswirtschaft zwei kritische Einwände vorgetragen:

1. Mit dem Kartoffel-Theorem wird nicht die prinzipielle Unsicherheit beseitigt, die in den Wirtschaftswissenschaften gegenüber Zielvorstellungen wie dem »magischen Dreieck« besteht. Mit dem »magischen Dreieck« wurden lange Zeit stabile Preise, ausgeglichene Zahlungsbilanz und störungsfreies Wachstum, eventuell noch ausdrücklich die Vollbeschäftigung als wesentliche Ziele des Wirtschaftens anvisiert. Sind diese Zielvorstellungen angesichts von verheerender Inflation, ruinöser Exportkonkurrenz und tiefen Zweifeln am Wirtschaftswachstum überhaupt noch sinnvoll?

2. Mit dem Kartoffel-Theorem werden zu wenige praktische Hinweise für das künftige Verhalten der Menschen in fortgeschrittenen Industriegesellschaften wie der Bundesrepublik Deutschland gegeben. Ist es nicht möglich, konkreter zu werden?

Aufgrund dieser Einwände wurden nach einem Seminar

in Bonn zwei Arbeitsgruppen eingesetzt, von denen die eine sich unter dem Motto »Radikal denken« eher mit den theoretischen, die andere sich unter dem Motto »Realistisch handeln« eher mit den praktischen Problemen befaßte, die durch diese Einwände sichtbar geworden waren. Erste Ergebnisse dieser Gruppenarbeit liegen jetzt vor.

Die *Gruppe Theorie* formulierte als neues »magisches Dreieck« moderner sozioökonomischer Zielvorstellungen:

1. Sicherung von Arbeit und Arbeitsplätzen;
2. Schutz und Förderung menschlicher Substanz;
3. Schutz von Umwelt, Rohstoffen und Energie.

Ebenso wie beim »magischen Dreieck« alter Art besteht auch zwischen diesen drei Zielen ein permanenter Zielkonflikt, der in der Praxis von Fall zu Fall und unter Vernachlässigung der einen oder der anderen Zielvorstellung gelöst werden muß.

Die *Gruppe Praxis* hat aufgrund dieser neuen Zielvorstellungen ein modernes wirtschaftspolitisches Instrumentarium für jedermann entwickelt. Als erstes wurde der NAMMER oder HAGEL vorgestellt, dessen englische Version als *Hail (»Hail to the Chief«)* der ganzen Serie den Namen gegeben hat. Die Gruppe war von der praktischen Erfahrung ausgegangen, daß jemand einen Nagel in die Wand schlagen will. Das führt regelmäßig zu einer Schädigung der Umwelt (hier: die Wand) sowie häufig zu einer Schädigung menschlicher Substanz, wenn der Hämmerer sich auf den Daumen hämmert. Eine Einstellung des Hämmerns ist nicht möglich, weil dann ein Arbeitsplatz verlorenginge. Der NAMMER bringt die Lösung: Hammer und Nagel aus einem Stück, so daß sich niemand mehr auf den Daumen schlägt. Dieser

Schutz menschlicher Substanz bedeutet eine Verbesserung der konkreten Situation (im Sinne eines *Pareto-Optimums)* selbst dann, wenn die Sicherung des Arbeitsplatzes und der Schutz der Umwelt nicht erhöht würden.

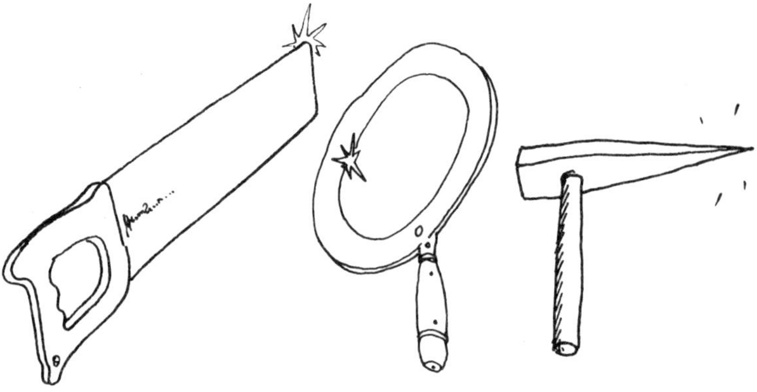

SCHOGE, NAMMER und SISI

Eine eindeutige Verbesserung des Schutzes menschlicher Substanz sowie der Umwelt wurde mit zwei weiteren Geräten erreicht, welche die Gruppe entwickelt hat: Mit der SCHOGE und der SISI. Bei der Schonsäge (kurz: SCHOGE, engl.: *Safety Saw* oder kurz: SASA) handelt es sich um eine Säge ohne Zähne; bei der Sicherheitssichel (kurz: SISI) um eine abgerundete, kreisförmige Sichel.

Diese Erfindungen, die nur den Anfang einer neuen Serie von Werkzeugen für die Zukunft darstellen, haben in der *Gruppe Praxis* helle Begeisterung ausgelöst. Die stärker bürgerlich eingestellten Gruppenmitglieder komponierten ein »Lied der Freude« mit dem Refrain:

Ein Ende hat der Daumenjammer,
nimmt ein jeder erst den NAMMER!

Die eher altmarxistisch eingestellten Gruppenmitglieder entwarfen einen neuen Kampfruf:

Ins Reich der Freiheit[1]
mit HAGEL und SCHOGE!

Eine Untergruppe der *Gruppe Praxis* hat darauf hingewiesen, daß das Rauchen vor allem von Zigaretten vermutlich die menschliche Substanz (Lunge, Blutgefäße etc.) sowie die Umwelt (weggeworfene Kippen) beeinträchtigt. Da sich eine Einstellung der Zigarettenproduktion verbietet (Gefährdung von Arbeitsplätzen), schlägt die Studiengruppe vor, wenigstens den Schutz der Umwelt dadurch zu verbessern, daß die Zigaretten künftig gleich ohne die Kippen geliefert werden, die ohnehin nur weggeworfen werden. Die Prüfung dieser Empfehlung ist noch nicht abgeschlossen.

[1] Karl Marx hat im »Kapital« mehrfach den Übergang von »Reich der Notwendigkeiten« in das »Reich der Freiheit« anvisiert.

DAS EHERNE GESETZ DER STRASSE

In den Wirtschaftswissenschaften wird zwischen allgemeiner Volkswirtschaftslehre und speziellen Volkswirtschaftslehren unterschieden. Unter den speziellen Volkswirtschaftslehren hat die Verkehrswirtschaft für die Industriegesellschaft eine besondere Bedeutung: Hier werden die aktuellen Probleme von Mobilität und Kommunikation, von individueller Freiheit und öffentlicher Verantwortung sehr deutlich sichtbar, dazu finanzpolitische Fragen eines Nulltarifs für öffentliche Verkehrsmittel, vor allem aber die Probleme des Umweltschutzes und des Energiemangels.

Es ist seit langem bekannt, daß zwischen der Industriegesellschaft insgesamt und dem Teilbereich der Verkehrswirtschaft besondere Beziehungen bestehen. In Großbritannien ist der industriellen Revolution vor 200 Jahren eine intensive Tätigkeit im Verkehrsbereich vorausgegangen, mit der das Netz der Land- und Wasserstraßen wesentlich verbessert wurde. Neue Kanäle wurden so emsig gebaut, daß von der »Kanalsucht« dieser Tage gesprochen wird. Die Motivation für diese Arbeiten ergab sich eher nachträglich, als der Beginn der Industrialisierung die schnelle und billige Beförderung von Rohstoffen und Fertigwaren erforderlich machte.

Es erscheint daher gerechtfertigt, die Verkehrswirtschaft als spezielle Volkswirtschaftslehre zur Erprobung des Kartoffel-Theorems und der Antitheoremmittel heranzuziehen. Damit eröffnet sich zugleich die Möglichkeit, die Erkenntnisse eines bisher viel zu wenig beachteten Autors mitzuteilen.

Der englische Verkehrsexperte Stephen Plowden erinnert in seiner Arbeit[1] daran, daß das Anwachsen des Straßenverkehrs bisher allgemein auf Faktoren zurückgeführt wurde, die außerhalb der Kontrolle der Verkehrsplaner liegen: Die Entwicklung der Bevölkerung, der Einkommen, des Eigentums an Kraftfahrzeugen etc. Diese Faktoren wurden regelmäßig zu niedrig eingeschätzt. In Großbritannien waren beispielsweise 1966 viermal so viele Kraftfahrzeuge zugelassen wie 1939, nicht doppelt so viele, wie man es damals erwartet hatte.

Als noch schwerwiegender beurteilt Plowden die Unfähigkeit der Planungsexperten, den Zusammenhang zwischen Straßenbau und Verkehrsvolumen zu erkennen: Die Tatsache, daß das Verfügbarmachen von mehr Straßenfläche an sich mehr Verkehr erzeugt (»... the fact that providing more road space itself generates more traffic«).

Plowden erläutert, es gehe nicht darum, daß neue Straßen Verkehr von weniger attraktiven alten Straßen abziehen; diese Konsequenz werde allgemein verstanden. Es gehe vielmehr darum, daß die Gesamtzahl der auf einem Straßennetz zurückgelegten Kilometer in einem Verhältnis zur Kapazität des Straßennetzes steht.

[1] Stephen Plowden, Towns against Traffic, London 1972, besonders S. 15 ff.

Das Ausmaß des Verkehrs wird nach Plowdens Feststellung – grob formuliert – von der *Toleranzgrenze der Verstopfung* bestimmt. Die Toleranzgrenze der Verstopfung ist als jener Zustand definiert, den der marginale Benutzer, d. h. das Individuum, für das die Schwierigkeiten einer Reise gleich den Vorteilen dieser Reise sind, gerade noch tolerabel findet; das bedeutet nicht, daß das Verstopfungsniveau für andere Straßenbenutzer oder für die Gemeinde insgesamt akzeptabel ist oder sein sollte.

Nach dieser definitorischen Festlegung kann Plowden die früher festgestellte Beziehung zwischen Straßenfläche und Verkehrsdichte noch genauer formulieren: Wenn die Kapazität des Straßennetzes erhöht wird, sei es durch Straßenbau oder durch Maßnahmen der Verkehrslenkung, dann wird die Zahl der in diesem Netz zurückgelegten Kilometer solange steigen, bis die früheren Bedingungen (Toleranzgrenze der Verstopfung) wieder hergestellt sind. Wenn die Kapazität des Straßennetzes nicht erhöht wird, stabilisiert sich die Zahl der zurückgelegten Kilometer. Wenn die Kapazität verkleinert wird, verringert sich die Zahl der zurückgelegten Kilometer entsprechend.

Plowdon dokumentiert die von ihm aufgezeigten Gesetzmäßigkeiten ausreichend mit Erfahrungen, die in Großbritannien und noch mehr in den USA gesammelt worden sind. Vor allem nach dem letzten Krieg wurden in den USA in wesentlich größerem Umfang als in jedem anderen Land Straßen gebaut. Die Verstopfung der Stadtschaften mit Verkehr nahm gleichzeitig schneller zu als in jedem anderen Land.

Plowden hat seine Erkenntnisse mit typisch englischer Zurückhaltung präsentiert. Dabei ist heute schon offensichtlich, daß er ein ganz wesentliches Gesetz der Verkehrswirtschaft entdeckt hat, vermutlich das Grundgesetz des Straßenverkehrs schlechthin. Das wird deutlicher, wenn das Gesetzt auf die Parkinson-Formel umgeschrieben wird:

Jeder Verkehr richtet sich nach der dafür verfügbaren Straßenfläche.

Die umfassende dynamische Bedeutung dieses Gesetzes wird jedoch erst deutlich, wenn es auf die für das Kartoffel-Theorem übliche Form gebracht wird:

Nun sind die Straßen da, nun werden sie auch befahren.

Angesichts der grundlegenden Bedeutung des Verkehrs im allgemeinen und des Straßenkraftverkehrs für Wirtschaft und Gesellschaft der heutigen Industrieländer im besonderen, wird dieses von Plowden entdeckte Gesetz als *ehernes Gesetz der Straße* bezeichnet.

Aus diesem Gesetz folgert unmittelbar, daß die häufig langwierigen Kontroversen, wo eine neue Straße gebaut werden soll, ob von A nach B oder von B nach C, keinerlei konkrete Bedeutung haben: Jede Straßenfläche, wo immer sie verfügbar ist, wird sofort vom Verkehr einbezogen und führt zur Steigerung des Verkehrs. Das bedeutet, daß Straßenplaner niemals ernsthaft beschuldigt werden können, falsch geplant zu haben: Auch eine ganz unsinnig geplante und gebaute Straße wird vom Verkehr erfaßt, der damit die Straßenplanung nachträglich voll rechtfertigt.

Es ist anzunehmen, daß das *eherne Gesetz der Straße* für die Bundesrepublik Deutschland ebenso gültig ist wie für Großbritannien und die USA. Ein Vergleich der Entwicklung von öffentlich verfügbaren Straßen mit der Zahl der jeweils zugelassenen Kraftfahrzeuge in der Bundesrepublik zeigt: Die Straßenfläche ist innerhalb von 20 Jahren nur um etwa ein Drittel des Bestandes von 1952 erweitert worden, während die Zahl der Kraftfahrzeuge sich etwa versechsfacht hat. Aus diesem Vergleich wurde bisher der Schluß gezogen, daß der Straßenbau im Rückstand sei und beschleunigt werden müsse, um den vorhandenen Kraftfahrzeugen mehr Raum zu bieten. *Das eherne Gesetz der Straße* legt einen völlig anderen Schluß nahe: Die Erweiterung des Straßennetzes um ein Drittel hat die Versechsfachung der Zahl der Kraftfahrzeuge erst ermöglicht. Wäre die Erweiterung des

Straßen und Kraftfahrzeuge in der BRD

Jahr	Öffentliche Straßen	Kraftfahrzeuge in Mill.
1952	127 500	3,4
1954	128 200	4,9
1956	130 400	5,9
1958	132 100	6,8
1960	133 400	8,0
1961	136 500[1]	8,8
1962	140 900	9,7
1963	145 600	10,5
1964	153 400	11,3
1965	155 600	12,2
1966	157 500	13,1
1967	158 700	13,7
1968	159 700	14,4
1969	161 200	15,3
1970	162 400	16,8
1971	164 500	18,0
1972	165 300	19,0
1973	166 700	20,1

[1] einschließlich Saarland und Berlin-West.
Quelle: Verkehr in Zahlen, a. a. O., S. C 86 und S. C 94.

Straßennetzes unterblieben, so hätte sich auch die Zahl der Kraftfahrzeuge in viel geringerem Umfang erhöht, nämlich bis zur Toleranzgrenze der Verstopfung. Eine Einstellung des Straßenbaus hätte demnach längst zu einer Stabilisierung des Kfz-Bestandes (»Wachstum Null«) geführt, eine Verringerung der verfügbaren Straßenfläche zu einer entsprechenden Verminderung des Kfz-Bestandes.

Es wird noch einiger Vorstudien bedürfen, bis entschieden werden kann, ob in der Bundesrepublik Deutschland der Straßenbau eingestellt oder sogar mit der Beseitigung von Kfz-verfügbarer Straßenfläche begonnen werden soll. Bei diesen Vorstudien können sich die Experten auf die drei früher entwickelten *Antikartoffeltheorem*-Methoden stützen. Die Ergebnisse solcher Studien können hier bereits kurz skizziert werden.

1. *Die Marcuse-Methode:* Der Straßenbau wird eingestellt, auch weil die Straßenbauarbeiter die Arbeit und die Kraftfahrer das Kraftfahren verweigern. Es herrscht ökonomisches Gleichgewicht mit Massenarbeitslosigkeit.

2. *Die Scheren-Methode:* Die Planungen für den Straßenbau werden im bisherigen Umfang fortgeführt, jedoch werden alle Pläne vor der Ausführung zu den Akten gelegt. Die Toleranzgrenze der Verstopfung wird schnell erreicht, es herrscht verbreitete Arbeitslosigkeit, allerdings nicht im Umfang von (1), weil die Verkehrsbürokratie (Planer, Ingenieurbüros etc.) weiterarbeitet.

3. *Die Schirm-Methode:* Ein Teil des Straßennetzes wird für den Kfz-Verkehr gesperrt und für Radfahrer, Rollschuhläufer, Fußgänger, Pferderennen, Kegelklubs und Straßenmädchen freigegeben, wobei die Straßenarbeiter weiter-

hin für den Unterhalt der Straßen sorgen. Der Kfz-Verkehr wird eingeschränkt, kaum jemand wird arbeitslos, und viele Menschen werden glücklicher.

Die Schirm-Methode hat sich damit erneut als allen anderen Verfahren weit überlegen erwiesen. In einigen Fällen ist diese Methode in der Praxis deutscher Städte sogar schon angewendet worden, zuerst in Kassel: Mit der Sperrung von Straßen in der Innenstadt für den Kfz-Verkehr und der Errichtung von Fußgängerparadiesen.

DAS TURNPIKE-THEOREM

Die Bedeutung der Verkehrswissenschaft für die Industrie- und Wachstumsgesellschaft wird auch durch das *Turnpike-Theorem* deutlich, das zugleich – auf einem Umweg – Einsichten in jene Gesetzmäßigkeiten erschließen kann, die im ehernen Gesetz der Straße formuliert worden sind.

Das *Turnpike-Theorem* bezieht sich auf folgende Aufgabe: Die Entfernung zwischen dem Punkt A und dem Punkt B ist möglichst schnell und ökonomisch zu bewältigen. Das geschicht dann nicht auf dem kürzesten Weg, wenn es sich dabei um Straßen minderer Ordnung handelt, von denen man auf Schnellstraßen (amerik.: turnpikes) ausweichen kann; damit verlängert sich zwar die zwischen A und B zu bewältigende Entfernung, aber man kommt – bei richtiger Lösung der Aufgabe – doch früher in B an, weil man auf Schnellstraßen schneller fahren kann.

Die Wirtschaftswissenschaftler haben das *Turnpike-Theorem* inzwischen längst von seiner konkreten Basis gelöst und wenden es zur Lösung von Aufgaben an, die sich folgendermaßen formulieren lassen: Eine Volkswirtschaft hat zum Zeitpunkt t_0 eine bestimmte Größe und Struktur. Zum späteren Zeitpunkt t_1 soll die Wirtschaft eine vorher festgelegte Struktur aufweisen. Welchen Wachstumspfad muß die Wirtschaft von t_0 nach t_1 einschlagen, damit die Produktion der neustrukturierten Wirtschaft zum Zeitpunkt t_1 möglichst groß ist?

Es hat sich gezeigt, daß eine optimale Lösung nicht erreicht wird, wenn die Volkswirtschaft bis kurz vor den Zeitpunkt t_1 in der ursprünglichen Struktur weiterwächst, und auch nicht, wenn die neue Struktur bald nach dem Zeitpunkt t_0 realisiert wird. Die optimale Lösung ist jene, unter der die Wirtschaft strukturell zunächst so verändert wird, daß sie die Nähe einer als *von-Neumann-Pfad* bezeichneten »Schnellstraße« erreicht und dann – sozusagen über einen Umweg – zum Zeitpunkt t_1 die neue Struktur bei größtmöglicher Produktion verwirklicht.

Dieses Ergebnis wird niemanden überraschen, der sich im Rahmen des Kartoffel-Theorems mit der Umwegproduktion beschäftigt hat. Das *Turnpike-Theorem* ist hier auch nicht wegen seiner zweifelhaften Bedeutung für die Wachstumstheorie dargestellt worden, sondern weil es das eherne Gesetz der Straße abstützt.

Wenn die Kraftfahrer sich an das *Turnpike-Theorem* (im ursprünglichen verkehrstechnischen Sinn) halten, so ist unmittelbar einleuchtend, daß das Ausweichen einer zunehmenden Zahl von Verkehrsteilnehmern auf längere, zunächst schnellere Strecken des Straßennetzes bei unveränderten individuellen Fahrtzielen zu einer Erhöhung der innerhalb dieses Straßennetzes zurückgelegten Kilometer führt. Es ist ebenso einleuchtend, daß infolge des zunehmenden Ausweichens von Kraftfahrern auf die Schnellstraßen dort bald die Toleranzgrenze der Verstopfung erreicht wird, so daß es im Sinne einer optimalen Lösung gemäß dem *Turnpike-Theorem* den schnellen Kraftfahrern richtiger erscheinen würde, auf die kürzeren Straßen minderer Ordnung zurückzukehren. Diese Straßen sind jedoch inzwischen von langsameren Fahrzeugen, Motorrädern und Fahrrädern verstopft, die ihrerseits gemäß dem *Turnpike-Theorem* von den kürzeren Feldwegen auf die längeren, aber schnelleren Straßen minderer Ordnung übergewechselt sind. In dieser Lage und gemäß dem allgemeinen Fortschrittsglauben bleibt nur eine Möglichkeit: Der Bau von Superschnellstraßen zur Entlastung der Schnellstraßen.

Und was wird, wenn die Superschnellstraßen überlastet sind? Dann werden Blitzsuperschnellstraßen gebaut. Es gilt das Kartoffel-Theorem: Nun ist (noch etwas) Erde da, nun wird auch eine Straße draufgebaut.

KÄSTNER ENTDECKT DAS KARTOFFEL-THEOREM

In Deutschland sind die einsichtsvollsten Beiträge zum Verkehrsproblem und die interessantesten Lösungsvorschläge bisher weniger von Verkehrswissenschaftlern als vielmehr von Dichtern und Schriftstellern vorgelegt worden. Aus der Fülle des Materials werden hier zwei Proben zitiert, die eine von Erich Kästner[1], die andere von dem Nobelpreisträger Heinrich Böll[2].

[1] Erich Kästner, Notabene 45, Ein Tagebuch; in: Gesammelte Schriften für Erwachsene, München · Zürich 1969, Band 6, S. 153.

[2] Heinrich Böll, Ende einer Dienstfahrt, Köln · Berlin 1966, besonders S. 186 ff.

Kästner notierte in den letzten Tagen des letzen Krieges, was zwei deutsche Soldaten, Alfred und Willi, über die militärische Transportbürokratie in Oberitalien zu berichten wußten: »So mußten die endlosen LKW-Kolonnen, wohin sie auch dirigiert wurden, immer und unter allen Umständen ›ausgelastet‹ sein. Wenn sie Munition und Lebensmittel zur Front gebracht hatten, durften sie nicht leer zurückkommen. Und wenn sie zur Räumung gefährdeter Depots nach Süden beordert wurden, durften sie nicht leer hinunterfahren! Man übertrug also die Methoden der Speditionsbranche auf den Frachtverkehr zwischen Hinterland und Front, auch dann noch, als sie wankte und zusammenbrach. Mitten im Rückzug der Armeen ging es zu wie beim Umzug im Frieden. Da Leertransporte streng untersagt waren, brachten die Kolonnen, um Bestände zu retten, Bestände mit! Es ging Zug um Zug. Man tauschte die Beute, die der Gegner morgen oder übermorgen machen würde, im letzten Moment aus. Dabei konnte es vorkommen, daß, nachdem das Mitgebrachte abgeladen worden war, keine Zeit mehr blieb, das Abzuholende aufzuladen. Dann steckte man beides in Brand, und die Kolonnen machten sich schleunigst und, dem kategorischen Befehl zuwider, völlig leer aus dem Staube.«

Es ist offensichtlich, daß die Militärspediteure bis zum Schluß nach dem Kartoffel-Theorem handelten: Nun sind die Lastwagen da, nun werden sie auch ausgelastet.

BÖLL BENUTZT DIE SCHIRM-METHODE

Während Kästner es bei der Schilderung eines speziellen Verkehrsproblems beläßt und sich anscheinend nur über die

Wirkkraft des – ihm nicht bekannten – Kartoffel-Theorems wundert, geht Böll einen wesentlichen Schritt weiter: Von der Diagnose eines speziellen Verkehrsproblems zur Therapie; dabei entdeckt und benutzt er – ohne sie expressis verbis zu nennen – die Schirm-Methode. Angesichts der engen Verbindungen, die Böll seit langem zu Großbritannien und noch mehr zu Irland hat, wo die *brolly method* in hoher Blüte steht, ist das nicht verwunderlich.

Die Gruhls, so schildert es Böll, hatten einen Bundeswehr-Jeep unter einigermaßen merkwürdigen Umständen abgebrannt. Im Prozeß gegen die Gruhls, Vater und Sohn, erläutert der Gefreite Kuttke als Zeuge, es sei unter anderem seine Aufgabe, die Kraftfahrzeuge rechtzeitig inspektionsbereit zu haben, daß heißt, wenn die Inspektion erfolge, mit dem inspektionserforderlichen Kilometerstand vorzuführen. Dabei komme es manchmal zu Überschneidungen, denn manche Kraftfahrzeuge würden später geliefert als geplant, beziehungsweise zugesagt, die Inspektion aber komme pünktlich, und um nun nicht auch noch den Inspektionstermin zu versäumen, der, wenn man ihn versäume, sich wieder hinauszögere, müßten eben manchmal Fahrzeuge »zum Kilometerfressen auf die Landstraße gehetzt werden«. Da dieses Verfahren zunächst nicht allgemein verstanden wird, erläutert Kuttke: Es könne vorkommen, daß ein Fahrzeug mit einem Kilometerstand von knapp eintausend Kilometern innerhalb von weniger als einer Woche für die Fünftausend-Kilometer-Inspektion anstünde. »Dann«, sagt er, »muß also irgendeiner mit der Karre losbrausen und sie ihre Kilometerchen abgrasen lassen.«

Kuttkes Vorgesetzte, Oberleutnant Heimüller und Feldwebel Behlau, stützen diese Angaben. Behlau bestätigt die Kilometerfresserei, die er »Tachometer-Ausgleichsfahrt« nennt. Heimüller, über die ominösen Dienstfahrten, diese Kilometerfresserei befragt, bestätigt ebenfalls, ja, solche Dienstfahrten kämen vor, denn es sei weitaus ärgerlicher, die fällige Inspektion hinauszuschieben als den »inspektionserforderlichen Kilometerstand« herbeizuführen.

Es ist offensichtlich, daß das Kartoffel-Theorem die Kapitulation der Wehrmacht 1945 unbeschadet überstanden hat und in der Bundeswehr weiterwirkt, denn für den Einsatz ihrer Dienstwagen gilt nach den zitierten Aussagen: Nun sind die Fahrzeuge da, nun fahren sie auch; sowie als verschärfender Zusatz: Nun kommt die Inspektion, nun sind auch die inspektionserforderlichen Kilometer vorzuweisen.

Nach den Aussagen der drei Bundeswehrangehörigen ergibt sich vor Gericht eine beiläufige, aber für jeden Kenner des Kartoffel-Theorems pikante Kontroverse zwischen Verteidiger und Staatsanwalt. Der Verteidiger, selbst Autofahrer, wendet sich gegen die Benutzung des Wortes »fällig« im zitierten Zusammenhang, denn fällig sei eine Inspektion erst, nachdem der entsprechende Kilometerstand durch normalen Dienstgebrauch erreicht sei. Er bezeichnet daher die geschilderte Methode als »absolut sinnlos«. Der Staatsanwalt verwahrt sich dagegen, daß damit philosophische und betriebsfremde Aspekte ins Spiel gebracht würden. In einem Betrieb wie der Bundeswehr müsse der Aspekt der Mobilität und Einsatzfähigkeit berücksichtigt werden, und da sei eine scheinbare Sinnlosigkeit – die zu beurteilen einem Betriebsfremden nicht zustehe – oft das Sinnvollere.

Jedenfalls ergeben die Aussagen, daß Gruhl jun. auf eine

fünftägige Prüfungsfahrt geschickt wurde, so schnell wie möglich nach Hause fuhr und den Jeep in einer leeren Scheune abstellte. Zu dieser Abfahrt sagt Oberleutnant Heimüller, solche Abweichungen seien zwar strafbar, würden aber geduldet. Gruhl sei nur angehalten gewesen, den erforderlichen Kilometerstand zu erzielen. Wohin er fahre, habe er ihm praktisch freigestellt. Die kriminologische Untersuchung des verbrannten Jeeps habe ja auch einen Kilometerstand von 4992 km ergeben. Dieses Ergebnis habe Gruhl erzielt, indem er den Wagen aufgebockt und mit angelassenem Motor habe laufen lassen. Die entstehenden Abgase habe er durch einen Schlauch ins Freie gelenkt. Die Idee, das Auto in dieser Weise aufzubocken, stamme von Gruhl sen., der beim Bau des sogenannten Westwalls in den Jahren 1938/39 ähnliches beobachtet, zum Teil daran mitgewirkt habe.

Die Gruhls holten den Jeep später wieder aus der Scheune, fuhren damit in die Felder und zündeten das Fahrzeug an. Dabei sorgten sie für merkwürdige Geräusche, so daß die Veranstaltung den Charakter eines *Happening* annahm und von sachverständigen Zeugen auch so eingestuft wurde.

Der nachmalige Nobelpreisträger Böll hat die eindrucksvolle Wirkung seiner Erzählung vor allem durch doppelte Anwendung der Schirm-Methode erzielt: Zunächst wird die Kilometerschinderei gemäß dem Kartoffel-Theorem durch den aufgebockten Leerlauf der Räder des Jeeps entgegen dem ursprünglichen Zweck ins Skurrile gewendet, sodann die Existenz des Jeeps und damit symbolisch der Leitsatz vernichtet: Nun ist die Bundeswehr da, nun wird sie auch mit Jeeps ausgerüstet. Der zweite Schritt, die Vernichtung des Jeeps, könnte als Anwendung der Marcuse-Methode aufgefaßt werden, jedoch liegen ausreichende Indizien dafür vor, daß es den Gruhls weniger um eine große Verweigerung (von Kommiß, Kilometerschinderei o. ä.) als um die Skurrilität der Veranstaltung zu tun war.

Die weiterbestehenden Unsicherheiten über die Dominanz der einen oder der anderen Methode beim zweiten Schritt, der Verbrennung des Kraftfahrzeuges, lassen es nicht ratsam erscheinen, diese Maßnahme allgemein im Kraftverkehrswesen der Bundesrepublik und anderer Industrieländer zu ergreifen. Hingegen handelt es sich beim ersten Schritt, der Festmontage des Jeeps, um eine eindeutige Anwendung der Schirm-Methode, und diese Maßnahme ist auch von Repräsentanten der orthodoxen Richtung, den militärischen Zeugen und dem Staatsanwalt, in einer Weise gebilligt und verteidigt worden, daß es realistisch erscheint, daraus nun ein Konzept zur allgemeinen Anwendung zu entwickeln.

DAS AUTO DER ZUKUNFT

Adam Smith wurde 1776 mit seinen »Untersuchungen über das Wesen und die Natur des Volkswohlstandes« zum Vater der Industriegesellschaft. Das tollste Kind dieser Gesellschaft setzte sich 110 Jahre später langsam und zunächst hinter einem Mann mit einer roten Fahne in Bewegung: Das Automobil.

Carl Friedrich Benz[1] führte 1886 den ersten Kraftwagen mit Benzinantrieb vor. Heute steht seine Benzinkutsche im Deutschen Museum in München. Und während heutzutage in München alle 42 Minuten ein neuer Mensch geboren wird, wird schon alle 15 Minuten ein neues Auto zugelassen. Das Kartoffel-Theorem wirkt nachhaltig: Nun ist das Auto erfunden, nun wird auch damit gefahren.

In der Bundesrepublik waren 1950 rund 540 000 PKW unterwegs. 1973 waren es zur Jahresmitte 17,03 Millionen PKW. Die Prognosen lauteten auf 20 Millionen PKW im Jahre 1980 und 23 Millionen PKW im Jahre 1985; und einige Sachverständige meinten, 1985 sei dann die Sättigungsgrenze erreicht – genau 100 Jahre nach der Erfindung des Benzinmotors für Kraftfahrzeuge.

[1] Carl Friedrich Benz (1844–1929), Ingenieur, entwickelte den Einzylinder-Viertakt-Benzinmotor; Gründer der Firma Benz & Cie, später Daimler-Benz AG.

Auf der Erde werden jetzt jedes Jahr etwa 30 Millionen neue Autos produziert. Autos, wo man geht und steht. Ein Spion aus dem Weltraum würde wohl seiner Heimatstation melden: Planet Erde von vierrädrigen Blechwesen bewohnt, zwischen denen sich noch einige Zweibeiner bewegen, offenbar Restbestände einer ausgestorbenen Rasse.

Je mehr Autos, desto mehr Probleme: Parkplätze, saubere Luft und Benzin werden immer knapper. Das Auto kommt an den Pranger. Das Statussymbol des modernen Menschen, seiner technischen Einfälle und seiner individuellen Bewegungsfreiheit, ist zum Indikator der Unbeweglichkeit des Menschen und seines Zerfalls mit der Umwelt geworden.

Die Produktion der Automobile verbraucht riesige Mengen an Energie und Rohstoffen. Es entstehen Abfälle und

Unser liebstes Kind

Abwässer. Ist das Auto in Betrieb, so treibt es zur Stoßzeit den Straßenlärm auf den 100-Phon-Pegel, verpestet die Luft, überfährt Menschen, verstopft die Straßen der Städte, fordert Milliarden-Investitionen für den Straßenbau, zwingt grüne Parks aus den Städten heraus und sterile Parkplätze in die Städte hinein. Wenn es nach durchschnittlich zehn Jahren aus dem Betrieb genommen wird, bleibt es oft als rostiges Wrack irgendwo liegen und verschandelt die Landschaft.

Die gesellschaftspolitische Kettenreaktion, die das Auto auslöst, ist weniger offensichtlich, aber nicht weniger gefährlich als die Umweltverschmutzung. Der amerikanische Wissenschaftler Joseph F. Coates hat eine »Wirkungsreihe« des Autos aufgestellt:[1]

- Erste Konsequenz: Möglichkeit, schnell, billig, leicht und privat von Tür zu Tür zu gelangen;
- zweite Konsequenz: Kunden kaufen in Geschäften mit guten Parkplätzen ein, die weiter von ihren Wohnungen entfernt sind;
- dritte Konsequenz: Einwohner des gleichen Viertels oder der gleichen Gemeinde sehen sich seltener und kennen einander kaum mehr;
- vierte Konsequenz: Die einander fremd gewordenen Bürger finden immer schwerer zusammen, um sich mit gemeinsamen Problemen zu beschäftigen; einzelne werden immer stärker isoliert.
- fünfte Konsequenz: Die Familienmitglieder sind durch diese Isolation zur Befriedigung ihrer seelischen Bedürfnisse stärker aufeinander angewiesen;

[1] zitiert nach Robert Jungk, Der Jahrtausendmensch, München, Gütersloh, Wien, 1973, S. 52/53.

– sechste Konsequenz: Ehepartner sind oft unfähig, diese stärkeren psychischen Ansprüche des anderen zu befriedigen; Frustration führt zu erhöhter Scheidungsrate[1].

Angesichts dieses Sündenregisters ist das Urteil völlig eindeutig: Die Autos müssen wieder verschwinden, wenigstens die meisten Autos.

Andererseits sind sich alle Fachleute darüber einig, daß eine Einstellung der Automobilproduktion eine wirtschaftspolitische Katastrophe für die Bundesrepublik wäre. Jeder achte, vielleicht schon jeder siebente Bundesbürger verdankt seinen Arbeitsplatz direkt oder indirekt der Automobilindustrie. Eine Produktionseinstellung würde eine Massenarbeitslosigkeit auslösen. An der Automobilindustrie und ihren Zulieferern hängen heute 15 Prozent des Sozialprodukts. Vom Auto hängt das Wohl und das Wehe aller Bürger und des Staates ab[2].

In den USA ist das schon lange deutlich. Die Weltwirtschaftskrise der dreißiger Jahre wurde zuerst in einem Rückgang der Automobilkäufe sichtbar. Seitdem hat die Automobilindustrie der USA ihre dominierende Stellung verstärkt. Jeder zweite der 30 Millionen PKW, die jedes Jahr rund um die Erde von den Fließbändern rollen, kommt aus einem der drei führenden Konzerne in den USA.

Der größte der drei Konzerne ist General Motors. Als Charles Wilson von General Motors an die Spitze des Verteidigungsministerium in Washington berufen wurde, er-

[1] Wie früher nachgewiesen wurde, führen Scheidungen zu einer Erhöhung des Sozialproduktes, so daß diese Wirkungsreihe nach Maßstäben orthodoxer Wirtschaftspolitik positiv zu bewerten ist (vgl. S. 83/84).

[2] Vgl. u. a. Hans Dollinger, Die totale Autogesellschaft, München 1972.

klärte er seine Befähigung für das Regierungsamt mit dem schlichten, inzwischen berühmten Satz: »Was gut ist für General Motors, ist auch gut für die USA.«

Was in den USA gilt, wird früher oder später auch in der Bundesrepublik Deutschland gültig. Als die arabischen Staaten im Winter 1973/74 ihr Öl erst drosselten, dann erheblich verteuerten, malten sich nicht nur professionelle Pessimisten gefährliche Wirkungsketten aus: Weniger Benzin, weniger Autoverkehr, weniger PKW-Verkäufe, gedrosselte Produktion, steigende Arbeitslosigkeit in der Automobilindustrie, steigende Arbeitslosigkeit in der gesamten Wirtschaft, wirtschaftliche Rezession, allgemeine Depression.

Angesichts dieser Bedeutung der Automobilindustrie ist das Urteil völlig eindeutig: Die Produktion von Autos muß fortgesetzt werden, wenigstens in den meisten Fabriken.

AUTO-ANTINOMIE OHNE AUSWEG?

Diese kurze Analyse der Automobilgesellschaft hat zwei eindeutige Urteile erbracht:

1. eine erhebliche Verminderung des Automobilverkehrs ist unbedingt notwendig, um weitere Schädigungen von Umwelt und Gesellschaft zu vermeiden;

2. eine erhebliche Verminderung der Automobilproduktion ist unbedingt zu vermeiden, denn diese Produktion ist für Wirtschaft und Gesellschaft notwendig.

Es handelt sich also allem Anschein nach um eine sozioökonomische Antinomie[1], aus der es keinen Ausweg gibt.

[1] Antinomie = Widerstreit zweier entgegengesetzter Urteile, die mit gleich zwingenden Gründen beweisbar sind; vgl. u. a. Immanuel Kant, Kritik der reinen Vernunft (vor allem über eine in der Natur der Vernunft begründete Antinomie).

Oder sollte es gelingen, mit Hilfe der früher entwickelten Methoden zur Abwehr schädlicher Wirkungen des Kartoffel-Theorems einen Ausweg zu finden? Erste Hinweise auf einen Ausweg werden eher von Soziologen und von Naturwissenschaftlern als von Wirtschaftlern und von Politikern angeboten. Zwei vieldiskutierte wirtschaftspolitische Vorschläge sind mit erheblichen Risiken belastet:

1. Umstellung der Automobilproduktion in den führenden westlichen Industrieländern auf Produktion von Panzern und gepanzerten Fahrzeugen, die bei den Erdölproduzenten gegen Öl getauscht werden. Von allen anderen Einwänden abgesehen, ist diese Idee zumindest langfristig deshalb abzulehnen, weil die Panzerfahrzeuge das Öl noch schneller verbrauchen als Zivilfahrzeuge.

2. Konvergenz des kommunistischen und des kapitalistischen Systems, insofern als ein Kommunist als Nicht-Autobesitzer zu definieren ist, ein Kapitalist als Autobesitzer, dem das Benzin ausgegangen ist. Damit wird zwar einer wirtschaftlich miesen Lage politisch etwas abgewonnen, aber kein Ausweg aus der oben dargestellten Antinomie gezeigt.

Sehr viel gründlicher sind drei junge Soziologen mit ihrer Untersuchung »Zur sozio-ökonomischen Bedeutung des Automobils«[1] vorgegangen, indem sie zunächst einmal den Gebrauchswert des Autos zu definieren suchten: »Im Automobil – und dies ist seine intendierte Funktion – wird die bei der Verbrennung von Kraftstoffen frei werdende Energie dafür genutzt, die Maschine, die die Energie produziert, mit

[1] Thomas Krämer-Badoni/Herbert Grymer/Marianne Rodenstein, Zur sozioökonomischen Bedeutung des Automobils, Frankfurt am Main, 1971; hier besonders Seite 49–66.

ihren Insassen (und gegebenenfalls auch Lasten) in Bewegung zu setzen und zu halten. Dies geschieht unter der Kontrolle eines – wohl auch für absehbare Zeit nicht ersetzbaren – Fahrers, von dem man sagt, er lenke oder steuere sein Fahrzeug. Lenken oder Steuern heißt, daß der Fahrer eine eindeutig aktive Rolle in der Maschine einnimmt. Der intendierte Effekt des ganzen Prozesses ist, mit diesem Werkzeug zur Fortbewegung Distanzen zwischen beliebigen Orten in einer solchen kurzen Zeit und mit einer möglichst geringen Kraftanstrengung zu überwinden, wie es dem Menschen ohne technische Mittel aufgrund seiner körperlichen Beschaffenheit nicht möglich wäre.«

Diese Definition klingt – für junge Wissenschaftler überraschend – orthodox. Mit dieser Definition und der nicht näher begründeten Vermutung, das Auto biete sich zum mobilen Gebrauch an, weil es »als stehendes Ding seinen eklatanten Zweck nicht erfüllt«, versperren sich die Autoren die Sicht auf einen Ausweg aus der Auto-Antinomie, obwohl sich Ansätze zu einer solchen Einsicht durchaus in Zitaten wie diesem finden:

»Nirgendwo wird die relative Autonomie, die das Produkt verspricht, deutlicher in ein radikales Ausgeliefertsein verwandelt, als zu den Stoßzeiten in den Städten oder an den Wochenenden auf der Autobahn. In diesem Umschlagen der vom Automobil versprochenen Freiheit in Unfreiheit manifestiert sich dessen Dialektik als Rückschlag auf eine bereits verlassene Stufe der Entwicklung: als Folge der sich rasch steigernden Quantität von Autos geht man – anachronistischerweise – bisweilen wieder schneller zu Fuß.«

Mit zahlreichen Hinweisen auf »ungeplante Verwendungsmöglichkeiten« und auf den Wohnungscharakter von Autos mit Polstern, Decken, Radios, Stereoanlagen, Blumenvasen, Bars, Telefonen, Rasierapparaten, Liegesitzen usw. arbeiten die drei jungen Autoren in einer interessanten Richtung. Ihre Unkenntnis des Kartoffel-Theorems oder auch nur der *brolly method* hindert sie jedoch daran, zum Kern des Problems und dann zu einer Lösung durchzustoßen.

Wesentlich fruchtbarer ist der ökologische Ansatz des Naturwissenschaftlers Bernhard Verbeek von der Pädagogischen Hochschule Ruhr in Hagen. Er hat das Auto in seinem Ökosystem analysiert und ein Wesen festgestellt, das keine natürlichen Feinde hat, auf längere Sicht aber dennoch in seiner Existenz bedroht ist[1]: »Die Nahrung unseres hier betrachteten Wesens ist nicht regenerierbar, einer der Unterschiede zu einem natürlichen biologischen Ökosystem. Dieses Wesen verzehrt also nicht nur vorübergehend, sondern irreparabel die Existenzgrundlage seiner Art.«

Aus dieser brillanten Analyse folgert logisch der konkrete Hinweis auf einen Ausweg aus der Auto-Antinomie: »In unser Ökosystem müssen wir einen die Aktivität des Autos dämpfenden Faktor einbringen. Genaugenommen brauchen wir nur die aktivitätsfördernden Faktoren zu beseitigen, um diesen Effekt zu erreichen. Es darf keinen Vorteil bringen, viel zu fahren, es muß sich vielmehr lohnen, den Wagen wenig oder gar nicht zu benutzen.«

[1] Bernhard Verbeek, Das Auto und sein Ökosystem; in: Frankfurter Allgemeine Zeitung vom 10. 10. 1973. – Es ist darauf hinzuweisen, daß dieser Artikel erschienen ist, ehe das Problem des Nahrungsspielraumes für Autos durch das arabische Ölembargo akut und offensichtlich wurde.

DAS AUTO IM VOLKSMUND

Auch der quicke Volksmund hat beachtliche Vorarbeit in Richtung eines Ausweges aus der Auto-Antinomie geleistet, wenn er niemals vom Automobil, sondern (wenn nicht vom »Wagen«) stets nur vom Auto spricht.

Automobil ist eine griechisch-lateinische Wortbildung und bedeutet: selbstbeweglich. Man kennt das Wort mobil; und man kennt das Wort auto aus Wortverbindungen wie: Der Autodidakt, der sich selbst etwas beibringt; das Autogramm als eigenhändige Unterschrift; oder die Autogamie, eine Selbstbefruchtung von Pflanzen. Mit der Kurzform *Auto* hat der Volksmund längst die Tatsache vorweggenommen, daß das Ding nicht mehr mobil, also beweglich ist, dafür aber zum *Selbst* geworden ist, gesamtwirtschaftlich zum Selbstzweck, für den einzelnen zu einem *alter ego:* Das andere Ich; das Auto zugleich als das eigene und ein fremdes Selbst.

Das sind keine sprachlichen Spielereien des Volksmundes, sondern wichtige Hinweise auf psychologische Tatbestände. Viele Menschen behandeln ihr Auto wie einen Menschen – oder besser: Es bekommt einen Namen, wird zärtlich gestreichelt oder kameradschaftlich beklopft, es wird gebadet und gebürstet, kurzum: Es ist zugleich ein guter Freund und eine störrisch-willige Frau, ein hilfloses Baby und ein gefährlicher Mustang. Es ist nachgewiesen, daß deutsche Automobilbesitzer ihr Auto mit viel größerer Regelmäßigkeit (in der Werkstatt) überprüfen und behandeln lassen als sich selbst (beim Arzt).

Aus der Fülle von Experimenten und Theorien, die in den letzten zehn Jahren über die koexistenzielle Konfrontation von Mensch und Auto durchgeführt und entwickelt worden sind, kommt dem Stock-Theorem des amerikanischen Psychologen Henry A. Overstick für die vorliegende Untersuchung besondere Bedeutung zu[1]. Overstick weist nach, daß es bis zur allgemeinen Verbreitung des Autos überall in der Welt für Männer üblich war, beim Ausgehen einen Stock mitzunehmen. Der Stock diente zunächst dazu, durch Abstützen bei schwierigen Wegstrecken die Balance zu halten und damit die Fortbewegung zu erleichtern. Aber auch auf glatten Wegen ließen die Männer den Stock nicht los: Er war zur Waffe und zum Penissymbol der Virilität geworden, zum Freund mit leicht homosexueller Tendenz, den man gut behandeln und (mit Stocknägeln oder Schnitzwerk) verzieren konnte, nach Belieben in die Ecke stellen und wieder hervorholen. Diese Funktionen werden auch von Marschallstäben, Offiziersstöckchen und Gummiknüppeln der Polizisten erfüllt, die sich in der Größe zum Spazierstock verhalten wie der Knirps zum Schirm: Man soll sofort erkennen, daß der uniformierte Stabträger keinen Spazier- oder Wanderstock mehr zur Fortbewegung braucht, weil er über ein Transportmittel (Pferd, Auto, Flugzeug) verfügt.

Die Fülle der Vorstudien hat eindeutig gezeigt, daß die Entwicklung eines Autos der Zukunft weniger ein technisch-wissenschaftliches, als vielmehr ein wirtschaftlich-psychologisches Problem ist. Aufgrund der hier kurz zitierten und zahlreicher weiterer Studien war es möglich, in einer Denkschrift an den Bundeswirtschaftsminister konkrete Vorschläge zur simultanen und humanen Lösung nahezu aller mit dem Automobil verbundenen Probleme zu unterbreiten.

[1] Henry A. Overstick, The Motorcar – Forrunners and Afterburners, New York 1972, besonders S. 38–56. Vgl. auch S. 152 zur Bedeutung des Schirms.

Vertrauliche Denkschrift

An den
Bundeswirtschaftsminister

53 Bonn
Villemombler Straße 76

Betr.: Automobilverkehr und Automobilproduktion
hier: Lösung aller Beschäftigungs-, Energie-, Verkehrs- und Umweltprobleme bei geringen Kosten

Bezug: Fortlaufende Berichterstattung in Presse, Funk und Fernsehen über katastrophale Ausmaße der genannten Probleme

I.

Die Drosselung und die drastische Verteuerung der Erdölexporte arabischer Länder in die Bundesrepublik haben unter dem Stichwort »Energiekrise« die Aufmerksamkeit der breiten Öffentlichkeit erneut auf die Problematik der Produktion, des Besitzes und des Verkehrs von Kraftfahrzeugen, speziell von PKW, gelenkt. Während früher vor allem die Verkehrsunfälle und ihre Opfer zur Besorgnis Anlaß boten, danach die Umweltschädigung durch Kraftfahrzeuge (Bleigesetz), geht es heute darum, ob Produktion, Besitz und Verkehr von Personenkraftwagen in Zukunft überhaupt noch in sinnvoller Form möglich sein wird. Die Antwort auf diese Fragen entscheidet weitgehend über die wirtschaftliche Entwicklung der Bundesrepublik (Arbeitsplätze), über die psychologische Einstellung der Bundesbürger (Autobesitzer) und damit über die politische Zukunft der Bundesrepublik (menschliche Reformen oder unmenschliche Radikalisierung). Wenn der Bundesrepublik eine Lösung des Automobilproblems gelingt, werden andere Länder in ähnlicher Lage sich nach diesem Modell richten.

Problem: Die Schwierigkeit der Lösung des Automobilproblems ist darin zu sehen, daß es sich um drei ineinander verzahnte Probleme handelt, wobei die Lösung jeweils eines Problems (Suboptimierung) die Lösung der beiden anderen unmöglich zu machen scheint. Es handelt sich um folgende drei Probleme:

a. Der Autoverkehr muß drastisch eingeschränkt werden, weil die Tötung und Verletzung von Menschen durch Verkehrsunfälle sowie die Verschmutzung der Luft durch Kohlenmonoxid, Kohlenwasserstoffe, Blei und andere Abfallstoffe kaum mehr zu vertreten ist, vor allem aber, weil das Erdöl und damit das Benzin immer teurer und immer knapper wird.

b. Der Autobesitz darf nicht angetastet werden, weil das mit dem Grundgesetz unvereinbar wäre und zu individuellen Frustrationen sowie zu gefährlichen Zusammenstößen innerhalb der Bevölkerung führen könnte, wenn die Aggressionen, die bisher mit Hilfe des Autos abgefahren wurden, sich anderweitig entladen.

c. Die Autoproduktion muß gehalten und darf nicht gesenkt werden, weil der Arbeitsplatz jedes achten oder jedes siebenten Bundesbürgers direkt oder indirekt von der Automobilproduktion abhängig ist und eine Drosselung der Automobilproduktion zu einer gefährlichen Arbeitslosigkeit zunächst in der Automobilindustrie, dann in abhängigen Unternehmungen und schließlich in der gesamten Wirtschaft führen würde, so daß eine schwere Rezession nicht zu vermeiden wäre.

Lösung: Diese Auffaltung des komplexen Automobilproblems in drei Einzelprobleme macht deutlich, daß eine Lösung nur dann als befriedigend angesehen werden kann, wenn sie die Automobilproduktion nicht beeinträchtigt, den Autobesitz nicht antastet und den Autoverkehr drastisch drosselt.

Alle drei Bedingungen werden von *Breitensteins Angebot festmontierter Fahrzeuge* (BAFF) erfüllt, das hier erstmals vorgeführt wird. Der Grundgedanke ist – wie bei allen großen Erfindungen – ganz einfach: Personenkraftwagen werden weiterhin in unverringerter Zahl und Unterschiedlichkeit der Ausführung produziert und über den Kfz-Handel an die Käufer ausgeliefert. Die Lieferung erfolgt frei Garage oder frei Stellplatz. Die einzige Veränderung gegenüber der bisherigen Praxis besteht darin, daß das Auto nach der Lieferung auf privatem Grund und Boden des neuen Eigentümers (Garage, Stellplatz, Keller, eventuell auch Wohnräume) fest montiert wird, daß die Reifen vom Lieferanten wieder mitgenommen werden, und daß der neue Besitzer eine Verpflichtung unterschreiben muß, das Auto ohne behördliche Genehmigung nicht von der Stelle zu bewegen, an der es – entsprechend seinen Wünschen – abgestellt worden ist.

Der eine oder der andere mag sich durch das Modell BAFF an das Ei erinnert fühlen, das nicht auf dem Tisch stehen wollte, bis Kolumbus es auf die Spitze depperte: Da stand es. Die vergleichende Erinnerung trügt. Kolumbus hatte nicht nur das Ei, sondern auch die stillschweigende Bedingung verletzt, daß das Ei unbeschädigt auf dem Tisch stehen müsse – was er beispielsweise durch die Erfindung des Eierbechers leicht hätte schaffen können. Das Modell BAFF verletzt keine der ausdrücklich aufgeführten Bedingungen[1]. Es ist allerdings notwendig, die theoretische Lösung des Problems durch praktische Hinweise zu fundieren und damit zugleich eventuelle Widerstände abzubauen, die psychologisch gegen alle neuen und damit ungewohnten Erfindungen – wie etwa vor 100 Jahren gegen das Automobil – im Volk bestehen.

Diese praktischen Hinweise zur Benutzung des BAFF bilden den wesentlichen Inhalt der hiermit vorgelegten Denkschrift.

II.

Eine Repräsentativumfrage in der Bundesrepublik Deutschland unmittelbar vor Weihnachten 1973, also nach Beginn des arabischen Ölembargos und zu einer Zeit, in der man sich über festliche Geschenke Gedanken macht, hat Interesse am BAFF, aber auch eine Fülle von Einwänden ergeben. Diese Bedenken lassen sich zu folgenden Haupteinwänden zusammenfassen, die sämtlich durch die von BAFF-

[1] Die mögliche Nebenbedingung, das Auto diene der Fortbewegung, ist längst im Verkehrsgewühl untergegangen, das eine Fortbewegung nur noch in zu vernachlässigendem Umfang zuläßt.

Experten formulierten Gegenargumente zu entkräften sind.

1. Einwand: Das Auto ist ein Verkehrsmittel und muß ständig in Bewegung sein, sonst lohnt sich der Besitz nicht, und der Wagen verrostet und verrottet.

Entgegnung: Heute schon stehen unsere Autos ca. 22 von 24 Stunden am Tag in der Garage oder am Straßenrand still oder bewegen sich mit Fußgängergeschwindigkeit im Verkehrsgewühl. Der Verzicht auf die zwei Stunden Bewegung ist relativ unwesentlich. Gegen Verrostung und Verrottung gibt es moderne Pflegemittel.

2. Einwand: Das hat es noch nie gegeben, daß ein Verkehrsmittel aus dem Verkehr gezogen und irgendwo abgestellt wird.

Entgegnung: Das hat es schon öfters gegeben, beispielsweise Wohnwagen-Anhänger in den USA, die selten oder nie bewegt werden, sowie alte Autos auf Kinderspielplätzen, an denen die Kinder ungeheueren Spaß haben. Noch wichtigere Beispiele sind die Ruderboote und Fahrräder, die aus dem Verkehr genommen und als Heimtrainer zur häuslichen Gymnastik festmontiert aufgebaut wurden. Nach allgemeiner Einführung des *Modell BAFF* wird es möglich sein, die Fahrradgymnastik wieder im Freien auf autofreien Straßen zu vollziehen. Es handelt sich also eigentlich nur um eine Umtauschaktion nach dem Motto:

Hat ein jeder BAFF im Haus,
darf das Fahrrad wieder raus.

3. Einwand: Ich will am Sonntag und in den Ferien mit der Familie (mit Freunden, mit meinem Mädchen) nicht zu Hause hocken, sondern ins Auto steigen und etwas anderes erleben.

Entgegnung: Das ist mit dem BAFF viel besser möglich als mit herkömmlichen Automobilen. Beispielsweise sind manche Erlebnisse (die Liebe, der Alkohol) in festmontierten BAFF-Modellen viel intensiver und viel ungefährlicher als in Autos, die sich in Fahrt befinden. Ganze Familien finden im BAFF genauso Platz wie in konventionellen Modellen. Für kinderreiche Familien bedeutet das BAFF-System insofern eine erhebliche Erleichterung, als Getränke, Essen und vergessenes Spielzeug bequem herangeholt werden können. Auch die Gänge zur Toilette machen keine Unterbrechung der Fahrt erforderlich.

4. Einwand: Es ist vielleicht billig und bequem, mit der Familie (mit Freunden, mit meinem Mädchen) in einem BAFF zu sitzen – aber das wird doch bald langweilig. Man möchte doch einmal etwas anderes hören und sehen.

Entgegnung: Das ist ein völlig berechtigter und sehr wichtiger Einwand. Wer nur etwas anderes hören will, schaltet das Autoradio an. Auch damit hilft das BAFF-System über manches Problem hinweg. Beispielsweise hat der Kirchenbesuch in der Bundesrepublik an den autofreien Sonntagen im Dezember 1973 erheblich zugenommen; aber den autolosen Kirchgängern war eine gewisse Unruhe anzumerken, weil sie ihre gewohnte Umgebung, das Auto, entbehrten. BAFF bringt die Lösung: Die Familie hört den Gottesdienst im BAFF über das Radio. Die Amerikaner haben Vorarbeit geleistet: In den USA gibt es etwa 65 drive-in-Kirchen. Man könnte auch daran denken, eine Sammelbüchse für die Kollekte im BAFF anzubringen.

5. Einwand: Wenn man sich an Feiertagen oder in den Ferien mit der Familie ins Auto setzt, möchte man doch mal eine andere Landschaft sehen und den Kindern das schöne deutsche Land zeigen.

Entgegnung: Das ist mit dem BAFF viel einfacher und bequemer als mit herkömmlichen Automobilen und zwar durch die BAFF-O-RAMA-Systeme, die jeder BAFF-Händler gern einbaut und die bald serienmäßig mitgeliefert werden können. Das BAFF-O-RAMA-System beruht auf den beiden wichtigsten Entdeckungen unserer Tage, der allgemeinen Relativitätstheorie und dem Kassetten-Fernsehen. Der Relativitätstheorie zufolge wird derselbe Effekt erzielt wenn ein Automobil durch eine immobile Landschaft fährt oder wenn eine Landschaft an einem immobilen Auto vorüberzieht. Das Kassetten-Fernsehen macht es möglich, jede beliebige, durch Verzicht auf häßliche Details gegenüber der Natur meistens verbesserte Landschaft an den Fenstern des BAFF vorbeigleiten zu lassen. Es ist ganz einfach: Kassette einschieben, auf dem RAMA-Knopf drücken, Landschaft läuft – ganz nach Wahl eine Weindörferstrecke am Rhein, die Schwarzwaldhochstraße, die Lüneburger Heide, die Bergstraße oder der Kurfürstendamm.

Dieses Verfahren bietet gegenüber den Feiertags- und Ferienfahrten alter Art eine Reihe entscheidender Vorteile: Man muß nicht mehr auf die Straße und auf andere Verkehrsteilnehmer achten, was früher von der Betrachtung der Landschaft ablenkte (»Papa, hast Du die hübsche Kirche links gesehen?« »Wie kann ich, wenn ich diesen verdammten Lastzug überholen will«). Wenn einer etwas nicht richtig gesehen hat, spult man einfach den Film zurück, während man bisher dafür den Rückwärtsgang einlegen oder wenden mußte. Das Angebot wird auch nicht auf Landschaftsfilme beschränkt bleiben. Es dürften in ausreichender Zahl *blue movies* wie »Nachts durch St. Pauli« und »Mitten rein ins Strip-Lokal« angeboten werden.

Mit dem BAFF-O-RAMA-System erfüllt sich ein alter Traum des Menschen: Er sitzt im Mittelpunkt und kann seine gesamte Umwelt durch Knopfdruck regulieren *(environmental control)* oder auch gänzlich abstellen.

Gesund und glücklich dank BAFF

6. Einwand: Das ist alles ganz schön und gut, aber doch zu friedlich und zu langweilig. Wenn man sich in den Wagen setzt, dann will man doch zeigen, was man für ein Kerl ist, beim Überholen, in den Kurven, in der langen Geraden mit Spitzentempo, ganz fair natürlich, aber das muß doch mal raus.

Entgegnung: Das muß auch raus, sonst stauen sich die Aggressionen. Das kommt auch raus im BAFF, und zwar mit Hilfe der BAFF-O-RAMA-*Spezial-Filme.* Diese Filme, die wie normale Kassetten im BAFF eingelegt werden, sind nach dem Vorbild jener Simulatoren entwickelt worden, mit denen Piloten den Anflug auf unbekannte Flugplätze üben. Die Filme bieten einfache bis haarsträubende und tödliche Verkehrslagen (teilweise nicht jugendfrei). Das Angebot entspricht dem Trend, der eindeutig von dem Lärm der Flipper zu leisen elektronischen Spielen wie dem »TV-Pingpong« geht. BAFF-O-RAMA-*Spezial-Filme* werden in den Kategorien D (grüne Box) und A (rote Box) geliefert. D-Filme sind für defensive Fahrer und erfordern eine hochentwickelte Reaktionsgeschwindigkeit, um gefährlichen Situationen auszuweichen. A-Filme sind für aggressive Fahrer und werden mit einem Zählgerät geliefert, das die Abschüsse an Fußgängern, Radfahrern und anderen Autos registriert, aber auch mit Rütteln, Heulen und Dunkelheit die Vernichtung des eigenen Autos und den Tod des Fahrers meldet, falls der Gegner härter war.

Die Konstruktion ist ähnlich wie bei den Elektrospielen »Red Baron«, die auf den Abenteuern des Kampffliegers von Richthofen aufbauen und in den angelsächsischen Ländern besonders beliebt sind. Nach Münzeinwurf fliegen auf einer Mattscheibe die feindlichen Flugzeuge an. Man steuert sich (durch Bedienung des Steuerknüppels) näher heran, bis sie richtig im Fadenkreuz liegen – und dann auf den Knopf drücken: Leuchtspurgeschosse zischen. Der Feind ist getroffen. Das Flugzeug birst in Flammen auseinander. Der Abschußzähler springt eine Ziffer weiter. Wer genügend Feinde erlegt, bekommt eine Sonderration Sprit zum Weiterflug.

7. Einwand: Wie will man die Autofahrer veranlassen, von den herkömmlichen Modellen auf BAFF umzusteigen?

Entgegnung: Die Vorzüge von BAFF sind so überzeugend, daß das keine Schwierigkeiten bereiten sollte. Als Einführungsangebot könnte die Regierung Auto-Stillegungsprämien zahlen, etwa nach dem Vorbild der Abschlachtungsprämien für Kühe zur Abtrocknung der Milchschwemme in der Europäischen Gemeinschaft.

8. Einwand: Mit dem BAFF-System werden die Autos tatsächlich von der Straße geholt ohne den Autobesitz anzutasten. Aber die Automobilproduktion muß doch eingestellt werden, wenn jeder Autofahrer sein BAFF im Hause hat?

Entgegnung: Keineswegs. Zunächst besteht noch erheblicher Nachholbedarf bei Bevölkerungsgruppen, die sich wegen der hohen Betriebskosten (Steuern, Versicherung, Benzin, Reparaturen) bisher kein Auto leisten konnten. Sodann werden völlig neue Käuferschichten (Kinder und Greise, nervöse Frauen und Invaliden) erschlossen, die bisher kein Auto besaßen, weil sie keinen Führerschein hatten. Das BAFF ist führerscheinfrei (nur die Abgabe von A-Filmen erfolgt gegen Führerschein). Ein gewisser Verschleiß und die Notwendigkeit der Ersatzbeschaffung tritt bei den Modellen ein, die im Freien stehen. Und überhaupt werden viele Autobesitzer Wert darauf legen, auch als BAFF (oder als Kleinwagen: *Das* BÄFF*chen*) ein möglichst neues Modell vorweisen zu können. Insgesamt: Auf kurze Sicht eine erhebliche Steigerung, auf längere Sicht eine Stabilisierung des Absatzes – genau das, was die Wirtschaft braucht.

III.

Es ist offensichtlich, daß sich keine durchschlagenden Argumente gegen *Breitensteins Angebot festmontierter Fahrzeuge* (BAFF) finden lassen und daß dieses Modell den ein-

Das Tusche-Theorem: Nun ist noch Tusche da ...

gangs genannten Bedingungen hinsichtlich Verkehr, Besitz und Produktion von Autos in vollem Umfang Rechnung trägt.

Die Kosten für den Staatshaushalt sind äußerst gering. Sie bestehen vor allem aus den Mitteln für die Verbreitung von BAFF-Informationen (Motto: *Einfach* BAFF) und für eine Stillegungsprämie an Autobesitzer, die sich zu dem neuen System entschließen. Eine zwangsweise Zuteilung von BAFF-Modellen dürfte zunächst nicht zur Diskussion stehen.

IV.

Angesichts der schwierigen wirtschaftspolitischen Lage und der eindeutigen Vorzüge des BAFF sollte die Einführung des neuen Systems möglichst umgehend veranlaßt werden. Als erster Schritt ist diese Denkschrift *Streng Geheim* zu stempeln, weil in Bonn auf diese Weise eine schnelle und umfassende Verbreitung sichergestellt wird.

GEORGE MIKES

GEDANKEN SIND ZOLLFREI
Erfahrungen in Bayern, Österreich, Jugoslawien
und Ungarn
240 Seiten, Leinen

GRÜSSE AUS JERUSALEM
Besuch in einem Land ohne Beispiel
204 Seiten, Leinen

NIMM DAS LEBEN NICHT SO ERNST
Humorvolle Betrachtungen für humorlose Zeiten
196 Seiten, Leinen

MIT GEISHAS FÄNGT DER TAG GUT AN
Das Land des aufsteigenden Yen
244 Seiten, Zeichnungen, Leinen